谨以此丛书献给
内蒙古自治区文物考古研究所成立60周年

内蒙古文化遗产丛书

呼伦贝尔文化遗产

内蒙古自治区文物考古研究所　编

文物出版社

责任编辑　李　东

责任印制　梁秋卉

图书在版编目（CIP）数据

呼伦贝尔文化遗产/陈永志，吉平，张文平主编；
内蒙古自治区文物考古研究所编.－北京：文物出版社，
2014.8

　（内蒙古文化遗产丛书）

　ISBN 978－7－5010－4046－9

　Ⅰ.①呼…　Ⅱ.①陈…　②吉…　③张…　④内…　Ⅲ.
①文化遗产－介绍－呼伦贝尔市　Ⅳ.①K292.63

　中国版本图书馆CIP数据核字(2014)第151835号

呼伦贝尔文化遗产

编　　者	内蒙古自治区文物考古研究所	
出版发行	文物出版社	
地　　址	北京市东直门内北小街2号楼	
邮政编码	100007	
网　　址	www.wenwu.com	
邮　　箱	web@wenwu.com	
制版印刷	北京燕泰美术制版印刷有限责任公司	
经　　销	新华书店	
版　　次	2014年8月第1版第1次印刷	
开　　本	787×1092　　1/16	
印　　张	21	
书　　号	ISBN 978－7－5010－4046－9	
定　　价	310.00元	

序言

　　美丽富饶的内蒙古自治区位于祖国的北部边疆，环境优美，气候宜人，自古以来就是人类繁衍生息的好地方。特定的地理位置、区域特点与生态环境，形成绚丽多姿、丰富多彩的物质文化遗产，造就了博大精深的草原文化。由内蒙古自治区文物考古研究所编纂的这套《内蒙古文化遗产丛书》，将分布在内蒙古自治区各地的物质文化遗产以盟市为单位编列成书，系统地向社会展示，显示了内蒙古自治区文化遗产的突出优势，这在当今"弘扬社会主义先进文化，推动社会主义文化大发展大繁荣"的新形势下，无疑具有重要的现实意义。

　　内蒙古自治区历史悠久，文化积淀深厚。草原地区人类的历史最早可以追溯到旧石器时代，这是草原文化的滥觞时期。在内蒙古呼和浩特东郊发现的大窑旧石器时代遗址，发现了石器制造场与其他的人类遗迹，将内蒙古地区人类的历史提升到了50万年。另外，在内蒙古其他地区还发现了距今5万年至1万年的"河套人"以及"扎赉诺尔人"，由此证明了中国北方的内蒙古自治区也是人类的重要起源地之一。新石器时代至青铜时代是草原文化形成的重要阶段，以赤峰红山命名的红山文化，是这一时期草原文化的核心。在内蒙古地区相继发现的兴隆洼文化、赵宝沟文化、富河文化、庙子沟文化、小河沿文化、朱开沟文化、夏家店下层文化等一系列草原考古学文化，使得中华民族文化呈现出"多源辐辏"、"百花齐放"的繁荣局面。秦汉、魏晋之际是草原文化快速发展的重要阶段。位于阿拉善盟的居延遗址群是中国西部地区重要的汉代边疆城市遗址，以出土"居延汉简"著称于世。呼和浩特地区和林格尔的盛乐古城遗址是内蒙古中南部最大的都城遗址。呼伦贝尔市鄂伦春自治旗的嘎仙洞遗址，发现北魏太平真君四年（443年）的石刻祝文，证明了此处是鲜卑贵族的"先祖石室"、拓跋鲜卑的发祥地。这些重要的文化遗产是中国历史上多民族文化碰撞、融合、升华的实物见证。辽金元时期草原文化达到了空前的繁荣与昌盛。内蒙古东部的赤峰、通辽历史上是辽王朝的京畿地区，契丹人的政治中心所在。在这一地区分布有辽上京、辽中京两大都城，还分布有辽祖陵、辽怀陵、辽庆陵三大皇族陵寝，以及轰动世界、闻名遐迩的辽陈国公主墓、吐尔基山辽墓。元代的内蒙古地区是东西文化交流的主阵地，"草原丝绸之路"东端的重要起点。元上都遗址是中国北方草原地带最大的元代都城遗址，御天门、大安阁、穆清阁等重要建筑遗迹，真实地再现了元代皇城的宏伟规模，极大地彰显了元上都遗址的突出价值，是内蒙古自治区极为珍贵的世界文化遗产。位于乌兰察布市的集宁路古城遗址，考古发现了一处完整的市肆遗迹及多处器物窖藏，出土了釉里红玉壶春瓶、青花梨形壶、卵白釉"枢府"铭盘、青釉龟形砚滴、青釉荷叶盖罐等大量完整瓷器，以及其他珍贵瓷器标本上万件，堪称中国的"庞贝城"。另外，内蒙古自治区也是我国古代岩画资源最为富集的地区，以阴山岩画、曼德拉山岩画、乌兰察布岩画最为典型，岩画总量多达十万余幅，时代纵跨上万年，这是内蒙古草原地区现存最为壮观的古代艺术画廊。此外，内蒙古自治区还拥有当今世界上保存最长、辐射面最广、影响最为深远的特殊文化线路——长城。全区共查明有战国燕、战国赵、战国秦、秦代、西汉、东汉、北魏、隋代、北宋、金代、西夏、明代修筑的长城墙体7570公里，有与长城相关的马面、敌台、烽燧、障城、关堡等各类遗存近万处，其附属遗址的数量、跨越的时代及墙体长度，都位居全国第一。这些林林总总的物质文化遗产都是内蒙古自治区珍贵的文化资源，是草原文明的重要实物载体，也是草原文化薪火相传的实物例证。

《内蒙古文化遗产丛书》以草原地区古代民族活动遗留下来的物质文化遗产为具体研究对象，对人类的生产生活、社会生活、精神生活进行"时"、"空"、"人"三维的全方位考察研究，以期对草原民族物质生活、精神生活以及制度体系进行客观定位，进而揭示社会文化的发展状况，人类文明的历史进程。人类起源问题是当今世界十大科学课题之一，草原人类从何而来？草原文明从哪发端？这也是困扰当今学术界的重大问题。内蒙古草原地带大窑遗址、萨拉乌苏遗址、金斯太洞穴遗址、扎赉诺尔遗址等一系列旧石器时代文化遗存的考古发现，证明中国北方草原地带的内蒙古自治区同样也是人类的重要发祥地之一，其学术意义是不言而喻的。而古代文明的起源与形成也是世界学术界倍加关注的课题之一。近年来，随着内蒙古文化遗产保护、发掘与研究工作的深入开展，广泛分布在蒙古草原地带的一些古代遗址与墓葬逐渐地被揭露与发现，不同历史时期的文物精品大量破土面世。特别是位于内蒙古东部地区红山文化遗址的考古发现，证明了中华民族文明的源头可以追溯到草原深处，内蒙古同样也是中华文明曙光升起的地方，草原文化与黄河文化、长江文化三位一体，已经构成了中华民族历史文明的三大主流文化。中华民族多元一体文化格局的建构，草原文化功不可没。

草原文化之所以有着如此强大的生命力与感召力，还在于她的开放性、包容性与文化内涵的博大精深。内蒙古自治区位于欧亚大陆的东端，蒙古高原的南部，作为世界历史上著名的"草原丝绸之路"，这里是东西文化交流的重要长廊，也是游牧文明与农耕文明交融和碰撞的特殊地带。特殊的区域位置与人文环境，创造了种类繁多、规模宏大、保存完好的城市文化遗产。在内蒙古自治区分布有北魏的盛乐都，辽代的上京城，元代的上都、黑城古城等中外闻名的城市遗址，围绕着这些大遗址，群星点点地分布着各类古代文化遗存，构成了草原丝绸之路商品交换的大通道，东西文化传播的主干线。

所以，分布在内蒙古自治区这些林林总总的物质文化遗产，反映了草原文化的庞大内涵，是草原文明最为直接而又形象的体现。文化是多元的，中华民族文化是多民族文化碰撞、融和、升华的结果，草原文化是中华民族文化构筑的一个重要板块，深化草原文化研究，考察草原文化的发展演进轨迹，探索草原文化与华夏文化碰撞、融合的历史进程，对于进一步弘扬中华民族文化具有重要的历史意义。

习近平总书记指出：一个国家、一个民族的强盛，总是以文化兴盛为支撑的，中华民族伟大复兴需要以中华文化发展繁荣为条件。中华优秀文化是我们民族永不褪色的名片、永不贬值的"硬通货"。同时要求我们要系统梳理传统文化资源，让收藏在禁宫里的文物、陈列在广阔大地上的遗产、书写在古籍里的文字都"活"起来。这是对我们文化工作者的一个总体要求，也是我们文化遗产保护事业发展的一个总方针。目前，内蒙古自治区的文化遗产保护事业蓬勃发展，草原文化研究欣欣向荣，重大考古发现层出不穷，学术研究成果斐然，文化遗产保护工作得到了社会的普遍认同，在弘扬中华民族传统文化、增强国民凝聚力与向心力、建设社会主义和谐社会等方面发挥着不可替代的重要作用。作为展示草原文化遗产的点睛之作，《内蒙古文化遗产丛书》以研究内蒙古文化遗产为主要内容，旨在进一步弘扬草原文化，传承草原文明，这是这套丛书付梓的重要意义。

是为序。

内蒙古自治区党委常委　宣传部部长

2014年7月25日

目 录

前言

陈永志

内蒙古自治区位于中国北方草原地带，作为世界上著名的"草原丝绸之路"，历史文化积淀深厚。目前已初步查明有各类文物遗址点2.1万余处，全国重点文物保护单位141处，自治区级重点文物保护单位319处，盟市旗县级别的文物保护单位700余处。这些林林总总的物质文化遗产，构成了草原文明的主体，展现出草原文化发展的完整脉络，是内蒙古自治区极为珍贵的文化资源。如何有效地利用这些丰厚的文化遗产，将文化遗产资源转化为强大的发展优势，这是我们每一个文物考古工作者所肩负的历史重任。党的十八大提出"两个一百年"的奋斗目标和实现中华民族伟大复兴"中国梦"的战略构想，而夯实中华文化的根基，展示中华文化的精粹，张扬中华文化的辉煌，是建设社会主义文化强国的根本，也是奔向"两个一百年"奋斗目标和实现中华民族伟大复兴"中国梦"最为有效的途径。

内蒙古自治区多草原、山地、沙漠的自然环境特点，使得历史上遗留下来的大量文物古迹完整地保存至今。内蒙古文化遗产的特色与优势就是地下埋藏文物丰富，文化内涵深厚，草原特色鲜明。近期，内蒙古自治区党委、政府提出了"8337"的发展思路，将内蒙古自治区建设成"体现草原文化、独具北疆特色的旅游观光、休闲度假基地"作为文化发展的战略目标，其主旨就是要充分发掘文化资源，彰显内蒙古自治区突出的文化资源优势，丰富草原文化的内涵。而文化遗产则是草原文化的主要承载体，是草原文明最为形象直观的体现。所以，对内蒙古自治区文化遗产的深入发掘、研究与展示，是弘扬草原文化、传承草原文明、建设民族文化强区的实际需要。

中华民族文化是多民族文化碰撞、融和、升华的结果，草原文化是中华民族文化的重要组成部分，而文化遗产则是草原文化的精粹，也是草原文化的核心内容。因此，对草原文化遗产的深入发掘与研究，对于提升草原文化在中华民族文化中的历史地位具有重要的意义。中华民族素以"声色文物之邦"著称于世，具有悠久的历史与光辉灿烂的文化。中华文化的特点首先是连绵不断，其次是多元一体，再次是具有鲜明的民族特色。世界上没有任何一个国家像中国一样，具有自旧石器时代起，历经新石器时代、青铜时代、铁器时代、历史时期直至近现代这样一个衔接完整的历史发展脉络，更没有一个国家的文化像中国的文化一样包罗万象、博大精深、源远流长，这也是中华民族之所以屹立于世界民族之林的一个重要原因。内蒙古自治区位于蒙古高原的南端，是草原丝绸之路的主干线，东西文化碰撞、交流的枢纽地带，中华民族文化以此为平台，向周边地区传播，从而推动了世界文明的发展。所以，草原文化在构建中华民族多元一体文化格局的过程中具有重要的作用，而构成草原文化核心内容的就是这些丰富多彩的草原文化遗产，这是内蒙古自治区重要的文化资源，也是建设民族文化强区强大的"软实力"。

习近平总书记指出：宣传阐释中国特色，要讲清楚每个国家和民族的历史传统、文化积淀、基本国情不同，其发展道路必然有着自己的特色；讲清楚中华文化积淀着中华民族最深沉的精神追求，是中华民族生生不息、发展壮大的丰厚滋养；讲清楚中华优秀传统文化是中华民族的突出优势，是我们最深厚的文化软实力。这是对我们国家文化遗产保护事业高屋建瓴的一个总体要求。近年来，随着内蒙古田野考古工作的深入开展，广泛分布在蒙古草原地带的一些古代城址与墓葬逐渐地被揭露与发现，不同历史时期的文物精品大量破土面世，草原文化的研究进入了一个全新的历史阶段。在新的历史条件下，为了进一步繁荣发展内蒙古自治区的文化遗产保护事业，深入弘扬草原文化，针对内蒙古自治区文化遗产的分布状况与文化特点，我们编写了这套《内蒙古文化遗产丛书》，对内蒙古自治区境内的文化遗产进行深入的发掘、研究与展示，目的就是让这些埋藏在地下的文化遗产充分地"活"起来，以期讲好中国故事，传播好中国声音，为建设内蒙古文化强区尽绵薄之力。

《内蒙古文化遗产丛书》分为《呼和浩特文化遗产》、《包头文化遗产》、《乌海文化遗产》、《赤峰文化遗产》、《通辽文化遗产》、《呼伦贝尔文化遗产》、《鄂尔多斯文化遗产》、《乌兰察布文化遗产》、《巴彦淖尔文化遗产》、《兴安文化遗产》、《锡林郭勒文化遗产》、《阿拉善文化遗产》共12卷本，根据内蒙古自治区的行政区划按盟市为单位分别编写。所介绍的内容为传统意义上的物质文化遗产，空间范围以内蒙古自治区辖境为基本覆盖范围，时间范围为旧石器时代至近现代，具体为不同历史时期遗留下来的古遗址、古墓葬及相关文物，涵盖历史、文学、艺术、语言、宗教、哲学、教育、民俗诸多方面的内容。重点以各盟市所辖范围内的全国重点文物保护单位、自治区级重点文物保护单位和市县级重点文物保护单位为主，同时包括其他未定级别的文物遗址与重要的考古发现，并配以图片及相关佐证材料，力求客观真实。

本系列丛书为内蒙古自治区"草原英才"工程项目成果之一，同时也是献给内蒙古自治区文物考古研究所建所60周年的隆重大礼。我们力求通过本系列丛书将内蒙古自治区境内的文化遗产状况全面、系统、真实地反映出来，为建设发展的内蒙古、繁荣的内蒙古、文化的内蒙古贡献自己的一份力量。囿于编者的学识与水平，本系列丛书难免有这样或那样的不足之处，敬请各位读者批评指正。

内蒙古文化遗产概论

陈永志

内蒙古自治区地域辽阔，呈东北向西南斜伸的狭长形，总面积约118.3万平方公里。在漫长的地质历史演化的过程中，形成了高山、草地、平原、盆地、沙漠戈壁等复杂的自然环境风貌。这些复杂的自然环境，同时也造就了内蒙古地区多元化的人文环境风貌。从旧石器时代的"大窑人"，到新石器时代的"红山人"，再到青铜时代的"夏家店人"，一直到后来的北狄、匈奴、鲜卑、突厥、回鹘、契丹、女真、蒙古等民族，这些草原民族经过世代繁衍生息，交往融合，形成了雄厚的历史文化积淀，造就了博大精深的草原文化遗产。对这些草原文化遗产的突出普遍价值的正确认知，是深入发掘内蒙古自治区文化资源的需要，也是建设文化强区的必要保障。

一 内蒙古物质文化遗产概况

文化遗产包括遗存与遗物两大部分，主要涉及人类社会政治、经济、文化、军事、宗教等诸多方面。遗存主要有古

锡林郭勒盟金斯太旧石器时代洞穴遗址

城市遗址、古墓葬、古建筑等，还有长城、界壕、驿道等复合型的特殊遗址；遗物主要有金银器、青铜器、碑刻、岩画、货币、雕塑、陶瓷、丝织品等。目前已初步查明内蒙古自治区有各类文物遗址点2.1万余处，全国重点文物保护单位141处，自治区级重点文物保护单位319处，盟市旗县级别的重点文物保护单位700余处。这些珍贵的文化遗存，构成了草原文明的主体，展现出草原文化发展的完整脉络。

旧石器时代是草原文化的滥觞时期，位于中国北方的内蒙古自治区同样也是人类的重要起源地之一。目前为止，在内蒙古自治区发现的旧石器时代遗址就达三十余处，其中以呼和浩特东郊发现的大窑遗址、鄂尔多斯发现的萨拉乌苏遗址、锡林郭勒发现的金斯太洞穴遗址、呼伦贝尔发现的扎赉诺尔遗址最为典型。大窑遗址位于呼和浩特市大窑村南，以发现的旧石器制造场及四道沟典型的地层剖面为重要的考古学依据。第一层为表土层，形成于全新世；第二层为马兰黄土层，形成于晚更新世晚期；第三层为淡红色土层，形成于晚更新世早期；第四层至第七层为离石黄土层，形成于更新世中期。在第四层底部发现有肿骨鹿化石，还有远古人类打制的石片、刮削器、砍砸器、石刀和石核等石制品，其时代属于旧石器时代早期，距今约50万年。鄂尔多斯萨拉乌苏旧石器时代遗址，发现于1922年，其后经过多次调查，在此地相继发现了顶骨、额骨、枕骨、股骨、胫骨、腓骨19件化石。其中有六件人骨化石是从晚更新世原生地层里发现的，学术界命名为"萨拉乌苏文化"，属于旧石器时代晚期，距今5万至3.7万年。锡林郭勒盟东

赤峰市魏家窝铺红山文化遗址发掘现场

通辽市哈民遗址清理出土的半地穴房屋基址

乌珠穆沁旗金斯太洞穴遗址，发现了旧石器时代中期晚段到青铜时代的连续地层堆积。在旧石器时代地层中发现了人类用火遗迹，出土了大量的打制石器、细石器、晚更新世晚期的动物骨骼化石等珍贵遗存。经^{14}C测定，距今约3.6万年。金斯太洞穴遗址的考古发现，对北方草原地区旧石器时代中晚期现代人的起源、迁徙、旧石器时代至新石器时代转变机制等方面的研究，都具有十分重大的意义。扎赉诺尔遗址发现于1927年，先后共发现15个个体的人头骨化石及其他化石。该遗址出土有石镞、刮削器、石片、石核等细石器，刀梗、锥、镖等骨器，并出土有夹砂粗陶器残片，同时出土有猛犸象、披毛犀等动物化石，是典型的中石器时代遗址，具体时代距今一万年左右。

在内蒙古自治区共发现新石器时代遗址两千余处，这些遗址主要分布在内蒙古东南部的西辽河流域及内蒙古中南部的黄河流域及环岱海地区。以赤峰红山命名的红山文化，是这一时期草原文化的核心。在内蒙古东部地区相继发现的兴隆洼文化、赵宝沟文化、富河文化、小河沿文化等一系列草原考古学文化，使得中华民族文化呈现出"多源辐辏"、"百花齐放"的繁荣局面。西辽河流域时代最早的新石器时代文化是敖汉旗的"兴隆洼文化"，其后是位于敖汉旗的"赵宝沟文化"和以赤峰红山后遗址为代表的"红山文化"以及以巴林左旗富河沟门聚落遗址为代表的"富河文化"。在通辽市科尔沁左翼中旗发现的哈民聚落遗址，是近期在内蒙古东北地区发现的较为重要的考古发现，被定名为"哈民文化"，也属于红山文化系列。这些考古学文化早到距今约8000年，晚到距今约4000年，以之字纹筒形罐、C形玉龙、楔形石耜为主要考古学文化特点。内蒙古中南部黄河流域及环岱海地区的新石器时代文化，主要属于中原地区的仰韶文化和龙山文化序列。最早的以凉城县王墓山遗址为代表的"王墓山下类型"，其年代大约距今6000年，属于仰韶文化晚期。其后有托克托县的"海生不浪文化"、包头市的"阿善二期文化"、察哈尔右翼前旗的"庙子沟文化"、凉城县的"老虎山文化"等，以彩陶钵、小口尖底瓶、双耳罐为主要考古学文化特点。

内蒙古地区发现的青铜时代遗址有七千余处，其中以夏家店下层文化、夏家店上层文化、大口二期文化和朱开沟文化为典型。夏家店下层文化发现于老哈河及大小凌河流域，以赤峰药王庙、夏家店、蜘蛛山、大甸子遗址，范杖子墓地为典型，其后又有赤峰三座店山城遗址、二道井子聚落遗址等重要考古发现。夏家店上层文化南边老哈河流域以宁城县南山根遗址为代表，北边西拉沐沦河流域以赤峰克什克腾旗龙头山遗址为典型，时间为夏、商至春秋时期。同一时期的考古学文化在赤峰地区还有"井沟子"、"铁匠沟"、"水泉"等文化类型。内蒙古中南部的青铜时代遗址，较为典

赤峰市三座店石城遗址

赤峰市二道井子遗址考古发掘现场

型的是准格尔旗大口村的"大口二期文化"和伊金霍洛旗的"朱开沟文化"。在朱开沟文化的第五段遗存内，发现鄂尔多斯式青铜戈，从而将鄂尔多斯式青铜器的时代上限上溯到二里冈上层文化时期，也就是商代早期。经过考古发掘证明，以"鄂尔多斯式青铜器"为代表的"朱开沟文化"，是属于商周时期中国北方少数民族的文化遗存，其时代下限距今2500年左右。

秦汉、魏晋之际是中国历史上各民族走向大一统、大融合的重要历史阶段。秦汉王朝为稳定边疆统治，在内蒙古地区营建大小边疆城镇，并屯垦开发。初步统计，内蒙古地区有秦汉时期大小城镇多达四十余座，目前能够确定其地望的城址主要有以下几例：云中郡为托克托县古城村古城，沙陵县城址为托克托县哈拉板申村东古城，沙南县城址为准格尔旗十二连城域，侦陵县城址为托克托县章盖营子古城，北舆县城址为呼和浩特塔布陀罗海古城，阳原县城址为呼和浩特市郊八拜村古城，武泉县城址为卓资县三道营子村古城，五原郡治所为乌拉特前旗三顶帐房古城，临沃县城址为包头市麻池村古城，定襄郡治所成乐城为和林格尔县土城子古城，桐过县城址为清水河县上城湾古城，安陶县城址为呼和浩特市郊陶卜齐古城，武城县城址为和林格尔县榆林城古城，临戎县城址为磴口县补隆淖乡河拐子古城，窳浑县城址为磴口县沙金陶海保尔浩特古城，朔方郡治所三封县城为磴口县陶升井古城，美稷县城址为准格尔旗纳林镇古城，广衍县城址为准格尔旗瓦尔吐沟古城，沃阳县城址为凉城县双古城古城，右北平郡治所平刚县城为宁城县甸子乡黑城古城。这些秦汉时期城市遗址在魏晋南北朝时期继续沿用，成为鲜卑族南迁汉化的重要跳板。其中拓跋鲜卑南下建立的第一座都城盛乐城在今天的和林格尔县土城子古城，是内蒙古中南部最大的城市遗址，而北魏云中宫所在地就在今托克托县古城村古城。围绕着这两座古城，还分布有北魏重要的军事重镇，其中的沃野镇城址为乌拉特前旗苏独仑乡根子场古城，怀朔镇城址为固阳县城库伦古城，武川镇城址为武川旦乌兰不浪乡土城梁古城，抚冥镇城址为四子王旗库图城卜子古城，柔玄镇城址为察哈尔右翼后旗白音查干古城。目前在内蒙古地区共发现有秦汉魏晋时期的文物遗址多达三千余处，东西分布众多的城市遗址是这一特殊历史时期古代内蒙古地区多民族文化碰撞、融合、升华的实物见证。

内蒙古隋唐时期的文物遗址较少，目前初步统计有三百余处，这些文物遗迹也主要以城市遗址为主，目前能够认定其性质的主要有以下几例：隋代朔方郡长泽县城址为鄂托克前旗城川古城，榆林郡治所胜州城址为准格尔旗十二连城，富昌县城址为准格尔旗天顺圪梁古城，金河县城址为托克托县七星湖村古城，五原郡治所丰州城为乌拉特前旗东土城村古城。唐王朝为了加强对北方边疆地带的控制，实行节度使与羁縻州制度，内蒙古地区唐代的城镇多属于羁縻州府。其中振武节度使与单于都护府同驻一城，城址在今和林格尔县土城子古城，东受降城在今托克托县的大皇城古城，胜州城址在今准格尔旗十二连城古城，河滨县城址在今准格尔旗天顺圪梁古城，长泽县城

呼和浩特市和林格尔盛乐古城遗址发掘清理的汉代砖室墓

呼和浩特市和林格尔汉墓壁画——庄园图

在今鄂托克前旗城川古城，白池县城址在今鄂托克前旗二道川的大池古城，天德军城址在今乌拉特前旗陈二壕古城，中受降城址在今包头市傲陶窑子古城，兰池都督府城址在今鄂托克前旗三段地乡的巴拉庙古城，饶乐都督府城址在今林西县樱桃沟古城。这些隋唐时期的城址，大部分保存完好，城内遗迹丰富，出土文物精美。

辽金元时期内蒙古地区的文物遗址最为丰富，多达1.1万余处。这些文物遗址规模宏大，种类庞杂，精品众多，在世界文明史上具有重要的历史地位。位于内蒙古东部的赤峰市辖区，历史上是辽王朝的京畿地区，契丹人的政治中心。在这一地区分布有辽上京、辽中京两大都城，还分布有辽祖陵、辽怀陵、辽庆陵三大皇族陵寝。在辽代，中国北方草原地带开始了大规模的城市建设，据《辽史》记载，辽朝有"京五、府六、州军城百五十六、县二百有九"。目前能够确认的辽代城市遗址有两百余座，其中最为著名的上京临潢府城址在今巴林左旗林东镇，中京大定府城址在今宁城县大明城。除辽代京城以外，还有一些著名的州县城，如龙化州城址为今奈曼旗孟家段古城，永州城址为今翁牛特旗白音他拉古城，武安州城址为今敖汉旗丰收乡白塔子古城，丰州城址在今呼和浩特白塔古城，祖州城址在今巴林左旗石房子古城，庆州城址在今巴林右旗索博力嘎古城，通化州城址在今陈巴尔虎旗浩特陶海古城等。金代城址也多沿用辽代城址，其中北京路城址为今宁城县大明城，武平县城址在今敖汉旗白塔子古城，临满府路城址在今巴林左旗林东镇南古城，长泰县城址在今巴林左旗十三敖包乡古城，西京路所属丰州城址在今呼和浩特市东白塔古城，东胜州城址在今托克托县的大皇城和小皇城，宁边州城址在今清水河县下城湾古城，净州城址在今四子王旗吉生太乡城卜子古城，桓州城址在今正蓝旗四郎城古城，集宁县城址在今察哈尔右翼前旗巴彦塔拉乡土城子古城，振武镇城址在今和林格尔土城子古城，宣宁县城址在今凉城县淤泥滩古城，天成县城址为今凉城县天成村古城等。金代的城市一般年代跨度较小，规模不显，但同样也被后来的元朝沿用与开发。古代的内蒙古地区是元朝的肇兴之地，此地建有元朝的开国之都——元上都，还分布有一系列的路府州县城市，文物遗迹丰富。世界著名的元上都城址位于今正蓝旗五一牧场内，城垣面积达四平方公里之多，是当时国际性的大都会。以元上都城址为中心，元代的城市遗址可以说是星罗棋布。成吉思汗母亲月伦太后和幼弟斡赤斤在其封地内兴筑的城郭位于今鄂温克族自治旗辉苏木巴彦乌拉古城，成吉思汗二弟哈撒儿在其封地内兴筑的城郭为今额尔古纳右旗黑山头古城，汪古部兴建的德宁路古城为在今达尔罕茂明安联合旗敖伦苏

赤峰市辽代上京城皇城内清理的塔基遗址

通辽市辽陈国公主墓发掘现场

木古城，元代砂井总管府城址为今四子王旗红格尔苏木大庙古城，元代集宁路城址在
今察哈尔右翼前旗巴彦塔拉乡土城子古城，净州路城址在今四子王旗吉生太乡城卜子
古城，弘吉剌部在其封地内兴筑的应昌路城址为今克什克腾旗达尔罕苏术鲁王城，全
宁路城址为今翁牛特旗乌丹镇西门外古城，亦乞列思部兴建的宁昌路城址在今敖汉旗
五十家子村，上都路下属的桓州城址为今正蓝旗四郎城，松州城址在今赤峰市红山区
西八家古城，兴和路下属的威宁县城址在今兴和县台基庙古城，丰州城址在今呼和浩
特市东白塔古城，云内州城址在今托克托县西白塔古城，东胜州城址在今托克托县大
皇城，红城屯田所在今和林格尔县小红城古城，大宁路城址在今宁城县大明城，高州
城址在今赤峰市松山区哈拉木头古城，兀剌海路城址在今乌拉特中旗新忍热古城，亦
集乃路城址为今额济纳旗黑城。这些元代城市遗址呈扇形分布在中国北方的内蒙古草

原地带，构成了规模宏大而又自成体系的文化遗产景观，是草原丝绸之路上的重要城市遗址，也是内蒙古自治区文化遗产的核心所在。

二 内蒙古文化遗产资源的特色与优势

内蒙古自治区地域辽阔，多山地、草原、沙漠的自然环境特点，加之人为干扰较少，使得地上、地下文化遗存大部分得以完整地保存下来。所以，内蒙古自治区文化遗产最大的特点是保存完整、种类丰富、精品辈出。特别是近几年，内蒙古自治区重要考古发现不断出现，文化遗产保护事业成绩斐然，现已形成具有民族与地域特色的文化遗产体系，彰显内蒙古自治区文化发展的强势与巨大的潜力。

1972年，在盛乐古城南发现的小板申东汉壁画墓，发现保存完好的壁画56组，57幅，榜题250条，是目前研究东汉庄园制度最为完整的实物资料。1986年，在通辽奈曼旗青龙山发掘的辽陈国公主墓，出土三千多件（组）金、银、玉质地的珍贵文物，

赤峰市耶律羽之墓耳室墓门

赤峰市宝山辽墓壁画《寄锦图》

其中金属面具、银丝网络以及璎珞、琥珀饰件堪称辽代文物之奇珍。辽陈国公主墓的考古发掘，被评为"七五"期间全国重要考古发现。1992年，在赤峰阿鲁科尔沁旗发掘的耶律羽之墓，墓内出土了大量金银器皿及五代时期的珍贵瓷器，其中孝子图纹鎏金银壶、盘口穿带白瓷瓶最为名贵。1994年，赤峰阿鲁科尔沁旗发现一座辽代贵族墓葬，墓室内发现了大面积精美的壁画，主要有《贵妃调鹦图》、《织锦回文图》、《高逸图》、《降真图》，壁画题材丰富，对于研究辽代的绘画艺术提供了弥足珍贵的实物资料。2003年，在通辽吐尔基山再次发现一座保存完好的辽代贵族墓葬，墓内出土有精美的彩绘木棺，棺内墓主人身着十层华丽的丝织衣物，伴出有金牌饰、金耳饰、金手镯及成串铜铃等，另外还发现有鎏金铜铎、银角号、包金银马具等大批珍贵文物，显示了辽文化的繁荣与昌盛。上述三项辽代重要的考古发掘，分别被评为1992年、1994年和2003年度的"全国十大考古新发现"。

2003年，位于乌兰察布市察哈尔右翼前旗集宁路古城，发现了一处完整的市肆遗迹及四十余处器物窖藏，出土了釉里红玉壶春瓶、青花高足碗、卵白釉"枢府"铭盘、青釉龟形砚滴、青釉荷叶盖罐、月白釉香炉等珍贵瓷器三百余件，其他瓷器标本上万件。由此，集宁路古城遗址被评为2003年度"全国十大考古新发现"。另外，内蒙古文物工作者还对元上都遗址进行了大规模的考古勘探与发掘。发掘清理了御天门、大安阁、穆清阁等重要文物遗迹，真实地再现了元代皇城的宏伟规模，极大地彰

通辽市吐尔基山辽墓主墓室

显了元上都遗址的突出价值。鉴于元上都的特殊历史地位，联合国教科文组织于2012年将其列入世界文化遗产名录——这是内蒙古自治区第一个世界文化遗产。

2009年，赤峰市二道井子夏家店下层文化遗址的考古发掘，揭露面积3500平方米，清理房屋、窖穴、灰坑、墓葬、城墙等遗迹单位近三百处，出土各类文物近千件，该遗址被评为中国社会科学院2009年度"中国六大考古新发现"和2009年度"全国十大考古新发现"。2010年，内蒙古自治区文物考古研究所在通辽市科尔沁左翼中旗舍伯吐镇哈民芒哈发现了一处距今约5500年前的大型史前聚落遗址。共清理出房址43座，墓葬6座，灰坑33座，环壕1条。出土陶器、石器、骨器、蚌器、玉器等文物近千件。特别重要的是，发现了保存完好的半地穴式房屋顶部的木质构架结构痕迹，为近年来东北地区史前考古的重大发现。哈民遗址的考古发掘由此被评为中国社会科学院2011年度"中国六大考古新发现"和2011年度"全国十大考古新发现"。

内蒙古自治区也是我国古代岩画资源最为富集的地区。在锡林郭勒盟、乌兰察布市、巴彦淖尔市、阿拉善盟、乌海市等地，发现古代岩画十万余幅，以阴山岩画、曼德拉山岩画、乌兰察布岩画、桌子山岩画最为典型，时代纵跨上万年。这些岩画以古阴山山脉为中心，东西横亘几千公里，堪称世界上最长的、内容最为丰富的古代艺术画廊。长城是集系统性、综合性、群组性于一身具有突出普遍价值的世界文化遗产，它是当今世界上保存最长、辐射面最广、影响最为深远的文化线路。在内蒙古自治区

乌兰察布市集宁路古城清理出的市肆大街遗址

境内共分布有战国燕、战国赵、战国秦、秦代、西汉、东汉、北魏、隋代、北宋、金代、西夏、明代修筑的长城。这些长城分布于全区12个盟市的76个旗县，总计长度达约7570公里，单体建筑、关堡和相关遗存总数达九千六百余处。内蒙古自治区的长城资源总量，占到了全国长城资源总量的三分之一，无论是时代之多还是体量之大，在全国16个有长城分布的省、自治区、直辖市中，都是位居第一。

与考古发现相辅相成的是一大批珍贵文物的出土。目前全区共有馆藏文物50万件（组），其中国家一级文物1790件，二级文物4050件，三级文物6545件。这些文物时代特征鲜明，民族特色浓郁，是内蒙古自治区重要的文化资源。在内蒙古赤峰地区发现的红山文化碧玉龙，堪称"中华之最"，中华文明的曙光。鄂尔多斯市霍洛柴登出土的匈奴王鹰形金冠饰、虎牛咬斗纹金带饰等珍贵文物，是匈奴贵族单于王的重要遗物。乌兰察布市发现的"虎噬鹰"格里芬金牌饰、金项圈，象征着匈奴王权的尊贵与威严。呼伦贝尔市、通辽市、乌兰察布市等地发现的"叠兽纹"、"三鹿纹"金牌饰以及其他的金冠饰、金带饰等文物，都是鲜卑贵族使用的代表性装饰品。赤峰市喀喇沁旗出土的双鱼龙纹银盘、鱼龙纹银壶、波斯银壶，是唐代"草原丝绸之路"上发现的一批重要文物。辽代陈国公主墓出土的黄金面具、龙凤形玉配饰，耶律羽之墓出土的褐釉鸡冠壶、双耳穿带瓶,吐尔基山辽墓出土的彩绘木棺、鎏金宝石镜盒以及造型各异的瓷器、金器、玉器及装饰奢华的马具等,是辽代文物的精品。元上都遗址出土的汉白玉龙纹角柱与柱础,再现了元代皇家宫城建筑的华丽与辉煌的气势。金马鞍是体现蒙古族游牧与丧葬风俗的绝品文物,具有游牧民族"四时迁徙,鞍马为家"的文化特点,又是蒙古贵族"秘葬"风俗习惯的真实反映。而八思巴字的圣旨令牌,是代表元朝皇权的典型文物,既是传达皇帝圣旨与政令的信物,也是蒙元时期军政合一的政治体制特点与国家驿站制度的综合体现。元代瓷器类文物首推青花、釉里红瓷器,其中以包头燕家梁出土的青花大罐,集宁路出土的青花梨形壶、釉里红玉壶春瓶最为珍贵。这些林林总总的文化遗产是内蒙古自治区珍贵的文化资源,是草原文明的主要实物载体,也是草原文化薪火相传的重要实物例证。

三　充分发掘草原文化遗产的重要意义

目前,内蒙古自治区文化遗产保护事业蓬勃发展,取得了累累硕果。重要的考古发现层出不穷,学术研究成果斐然,有力地保障了内蒙古自治区文化事业的健康发展。文化遗产日益成为促进经济社会和谐发展的重要因素,在弘扬中华传统文化、增

锡林郭勒盟元上都古城穆清阁遗址

强国民凝聚力和向心力、建设社会主义和谐社会等方面发挥着不可替代的重要作用。

首先，文化遗产的发掘研究夯实了草原文化研究的理论基础。内蒙古地区的一系列重大考古发现，极大地丰富了草原考古学文化的内涵。如通过对内蒙古呼和浩特东郊大窑旧石器遗址的考古发掘，发现属于旧石器文化的石器制造场与其他的人类遗迹，相当于北京周口店第一地点的文化面貌，将内蒙古地区人类的历史提升到了50万年；再如红山文化遗址及典型文物碧玉龙的发现，堪称中国第一缕文明的曙光。红山诸文化考古序列的确立，如同中原地区第一次从地层上明确划定了仰韶文化、龙山文化、商文化的时间序列的意义一样，将中国文明的历史从发端到发展的历史脉络勾勒得一清二楚，填补了中国考古学文化的空白，极大地完善了草原文化研究的序列与谱系。

其次，对文化遗产的发掘研究，关系到"两个一百年"奋斗目标和中华民族伟大复兴"中国梦"的实现，也是提高国家文化软实力、建设文化强区的时代需要。文化遗产是一个时代、一个民族文化与文明的物化遗留，是民族文化的精粹，是人们唯一能够看得到、摸得着的文化实体，具有无可比拟的感召力与影响力，也是人类社会可持续发展的重要因子。因此，文化遗产也是人类社会重要的文化资源，对其进行深入

阿拉善盟曼德拉山岩画《狩猎图》

巴彦淖尔市小佘太秦长城遗址

的发掘研究，既是对优秀民族文化的继承与认知，也是为建设文化强区提供精神动力与智力支持。所以，将丰富的文化遗产资源优势转化为强大的发展优势和发展动力，在文化建设上实现新的跨越，这也是提升国家文化软实力、建设文化强区的迫切需要。

再次，对文化遗产的发掘研究，是让文化资源惠及民众的必然要求及有效途径，也是文化大发展、大繁荣的时代需要。文化遗产是国家重要的文化资源，承载的信息量丰富，知名度高，对社会的影响巨大，是丰富人民精神世界、增强人民精神力量的重要介质。人民群众是文化遗产的所有者、鉴赏者和传承者，文化遗产保护必须依靠人民群众，文化遗产保护成果也必须惠及社会，融入社会，为民造福。文化遗产是中华民族文化的结晶，也是中华民族多元一体文化格局的实物见证。弘扬社会主义先进文化，增强全民族文化创造活力，推动文化事业全面繁荣发展，这就是我们实现文化遗产价值的现实需要，也是我们要保护、弘扬文化遗产的根本目的。

殷焕良

　　呼伦贝尔市位于内蒙古自治区东北部，其东临黑龙江省，南与兴安盟毗邻，西、北与蒙古和俄罗斯接壤。呼伦贝尔，因呼伦贝尔境内的呼伦湖和贝尔湖而得名，西清《黑龙江外记》称"呼伦贝尔，一作呼伦布雨儿，通称海兰儿。盖其地有池，一曰呼伦，一曰贝尔，官军屯驻二池间，因以名地"[1]。以"呼伦贝尔"作为行政区域称谓，始于清雍正十年，即1732年，清在此设副都统衙门，同大兴安岭岭东的布特哈总管衙门同归黑龙江将军管辖。

　　呼伦贝尔市下辖1区5市7旗，分别为海拉尔区、满洲里市、牙克石市、扎兰屯市、额尔古纳市、根河市、新巴尔虎左旗、新巴尔虎右旗、陈巴尔虎旗、鄂温克族自治旗、鄂伦春自治旗、莫力达瓦达斡尔族自治旗、阿荣旗，首府海拉尔区是全市政治、经济、文化、教育中心。呼伦贝尔市总面积26.3万平方公里，人口270万。

一　呼伦贝尔市自然环境概况

　　呼伦贝尔市地理位置处于东经115°13′~126°04′；北纬47°05′~53°20′。呼伦贝尔为高原地貌，大兴安岭呈东北—西南向纵贯其间，自西向东形成三大地形：呼伦贝尔草原、大兴安岭山地、松嫩河谷平原。呼伦贝尔草原属蒙古高原的一部分，总面积7.8万平方公里，海拔高度600~900米。呼伦贝尔草原东、北接大兴安岭，西、南与蒙古高原相连，因而整个地势东、北高，西、南低。草原地貌较为复杂，有剥蚀的低山丘陵，侵蚀的高平原，也有冲积平原和沙地。其北部有世界第一曲水的莫尔格勒河，弯弯曲曲流淌在平坦的河谷中。逆河而上，在额尔古纳市与大兴安岭余脉相连，丘陵草原相间，是世界著名的三河马、三河牛的故乡。呼伦贝尔草原水系发达，河流纵横，有着星罗棋布的湖泊。发源于大兴安岭的海拉尔河自东向西穿过草原，形成波状起伏的海拉尔河台地。伊敏河、莫日格勒河分别从南北两侧注入海拉尔河，一直把大草原延伸到呼伦湖的东岸。呼伦湖、贝尔湖以及连接两湖的乌尔逊河流域，是呼伦贝尔草原最低的地域，这里有丰富的沼泽湿地，是各种鸟类和水禽的栖息之地。发源于蒙古国肯特山东部的克鲁伦河是呼伦湖水系中的重要河流，也是呼伦湖水的主要来源。两支水系在呼伦湖北汇合流入中俄界河额尔古纳河，注入黑龙江。海拉尔河流域以及呼伦湖周围是呼伦贝尔草原的主体，这里地势平坦，宽阔无际，是蒙古高原东北部最富饶的草原。

大兴安岭山地自东北向西南纵贯呼伦贝尔。大兴安岭北起黑龙江上游，南止于西拉沐沦河，全长1200公里，海拔1000～1500米，其中约700公里在呼伦贝尔境内。大兴安岭北宽南窄，北部宽达500公里，南部仅宽200公里。其特点是山不高，山中有平原，平原上有小山等群山组成，其中以海拔1000米的缓坡起伏的平坦山地分布最广。大兴安岭西高于东，南高于北，东坡陡峭，高差可达700米，西坡平缓，由小山逐渐呈现高原地貌，高差仅200米，是蒙古高原与松嫩平原的分界线，又是额尔古纳水系与嫩江水系的分水岭，仅在呼伦贝尔境内，就有3000多条河流发源于大兴安岭。

松嫩河谷平原是大兴安岭与松辽平原的过渡地带。从西北向东南呈阶梯状，从中山、浅山、低山、丘陵下降至松辽平原的西部边缘，相对高差达1000余米，是一条沿大兴安岭山体边缘延伸的丘陵、谷地和带状平原，发达的嫩江水系贯穿其中。

二　呼伦贝尔市历史简述

早在旧石器时代晚期，距今二三万年前，呼伦贝尔就有了人类的足迹。20世纪80年代和90年代初期，考古学家两次对扎赉诺尔的蘑菇山北遗址、小孤山遗址进行考察和试掘，出土和采集了大量打制石器，有石锤、石片、刮削器、砍砸器等，这些石器均出土于晚更新世（距今10万到1万年）地层，属旧石器时代晚期。这是迄今为止所发现的呼伦贝尔境内最早的人类文化遗存[2]。距今1万年左右，扎赉诺尔人就在呼伦湖一带繁衍生息，1933年，扎赉诺尔露天矿出土了第一颗人头骨化石，此后的半个多世纪陆续发现人头骨化石15枚，被学界称为"扎赉诺尔人"。伴随人头骨化石出土的文物有陶片、石器、骨刀梗、骨鱼镖和桦树皮器等，此外还有大量哺乳类、鸟类、鱼类等动物化石。石镞的出土，显示扎赉诺尔人已经发明了弓箭；弓箭及骨刀梗的使用，充分表明扎赉诺尔人已经会制造复杂的复合工具；骨器的磨制和镶嵌技术以及制陶术的发生是扎赉诺尔人文化的代表性成就。扎赉诺尔人经人骨测量鉴定认为具有蒙古人种的原始特征，与北京人、山顶洞人一样，同为形成中的蒙古人种[3]。呼伦贝尔的海拉尔河、伊敏河、乌尔逊河、辉河以及呼伦湖周边，还分布着众多的以细石器为代表的文化遗存，其中位于海拉尔河和伊敏河交汇处的海拉尔松山细石器遗址，在文化层中，均为压制的细石器，种类有船底形、扁锥形、楔形、圆柱形、圆锥形石核、细石叶、石片、刮削器、雕刻器、矛、镞、砍砸器、斧形器等，不见陶片，因此安志敏先生认为，该遗址为距今八九千年的中石器时代[4]。而以辉河水坝[5]、哈克[6]、铜钵好赉[7]、东乌珠尔[8]等为代表的众多细石器遗址，已被考古学家证明属新石器时代遗存，距今7000～4000年。这些遗址出土的器物以压制的石器为主，习惯上又被称为"细石器"，细石器种类丰富，加工精良，体现了原始人类高超的加工工艺。从出土的细石器种类看，几乎囊括了原始人类生产生活工具的各个方面，有石制品如石核、石片、石叶以及石器半成品等，石器如石镞、石刃、石刀、石镰、石铲、石斧、石钻、尖状器、刮削器、雕刻器等。还有少量的打制、磨制石器如砍砸器、石网坠、石磨盘、石磨棒、石环、石斧等。伴随出土的陶器数量较少，大多为残破的陶片，完整器物较少，通过在团结遗址采集的陶器看，仅有罐、钵两种类型。陶器均为手制夹砂陶，纹饰有窝点纹、网格纹、篮纹、绳纹、之字纹、附加堆纹等。同时在团结遗址出土了彩陶片，红地黑彩，以三角形和窄道波折形图案为主，为呼伦贝尔地区仅见。玉器在这一时期遗址中屡有发现，以哈克镇团结遗址出土最多，有玉璧、玉环、玉斧、玉锛、玉珠等，其他遗址还发现了玉雕人面像等；骨器在使用工具中也占有很大比例，有骨锥、骨匕、骨刀梗等出土。从出土器物分析，石镞等武器的大量出土，表明新石器时代，呼伦贝尔先民仍以狩猎为主，而石镰、石磨盘、石磨棒的发现则说明当时已经有了农业生产，但这类器物出土数量不多，可以证明农业在当时应处于从属地位；玉器的出现，说明呼伦贝尔大地已经迎来了文明的曙光。东乌珠尔一座墓葬出土玉器1件，细石器203件，其中加工精细的凹底两翼三角形石镞148件，骨器55件，有精美的骨刀梗、骨刀、骨矛、骨锥等。如此丰厚的陪葬品，说明当时已经出现了贫富分化，文明的曙光已经照耀呼伦贝尔大地。"假如呼伦贝尔草原在中国历史上是一个闹市，那么大兴安岭则是中国历史上的一个幽静的后院。重重叠叠的山岭和覆蔽着这些山岭的万古常青的丛密的原始森林，构成了天然的障壁，把这里和呼伦贝尔草原分开，使居住在这里的人民与世隔绝。"翦伯赞先生在《内蒙访古》一文中如是说[9]。纵观历史，大兴安岭的确就像一个幽静的后院，一道与世隔绝的屏障。

青铜时代，生活在呼伦贝尔地区的民族应属东胡。东胡最早见于《山海经·海内西经》，谓："东胡在大泽东，夷人在东胡东，貊国在汉水东北，地近于燕，灭之。""大泽"即今天的呼伦湖。《山海经》一般认为成书于战国到汉代，如此可推测东胡至少在汉以前已经生活在呼伦贝尔。《史记·索引》引服虔语："东胡在匈奴东，故曰东胡。"[10]这是东胡称谓的由来。考古学上也留下了东胡在呼伦贝尔地区生活的印迹，在呼伦贝尔的鄂温克旗伊敏煤矿和鄂伦春旗大子杨山出土了三件曲刃青铜短剑，是东胡的典型器物；呼伦贝尔草原上还经常出土一些青铜马具、青铜饰件，为青铜时代遗物，推断当属东胡遗物。除此而外，在呼伦贝尔的海拉尔河、克鲁伦河流域以及呼伦湖地区，分布着大量的石板墓群，这些墓群多者一二百座，少者七八座，多坐落于依山面水的朝阳山坡上，排列密集而有序。石板墓的结构均为在地面上挖一长方形墓穴，后以石板树立起四框，墓内填碎石块，随葬品极少，仅有残陶片、蚌刀、细石器、青铜泡饰等，个别有殉牲现象。这类石板墓在毗邻的俄罗斯外贝加尔地区和蒙古国境内，也广泛分布[11]。这些石板墓同赤峰地区东胡石板墓较为类似，当为同类遗存，从其文化结构和内涵分析，其社会已发展到青铜文化时代[12]。

战国以后，东胡形成了一个较大的部落联盟。至西汉初年，匈奴崛起朔漠之地，冒顿单于"大破东胡王"灭其国，并"虏其民及畜产"，该地遂为左贤王庭辖地。东胡析乌桓与鲜卑两部，"乌桓者，本东胡也。汉初，匈奴冒顿灭其国，余类保乌丸山，因以为号焉"[13]。"鲜卑者，亦东胡之支也，别依鲜卑山，故因号焉"[14]。活动在额尔古纳河、黑龙江上游和大兴安岭北段的一支北部鲜卑，称之为拓跋鲜卑。拓跋鲜卑是我国古代第一个入主中原建立王朝的民族。《魏书·序纪》载："国有大鲜卑山，因以为号。其后，世为君长，统幽都之北，广漠之野，畜牧迁徙，射猎为业，淳朴为俗，简易为化，不为文字，刻木纪契而已。"[15]《魏书》记载了拓跋鲜卑先祖在大鲜卑山生活的真实场景。《魏书·礼志》又载："魏先之居幽都也，凿石为祖宗之庙于乌落侯国西北。自后南迁，其地隔远。真君中，乌落侯国遣使朝献，云石庙如故，民常祈请，有神验焉。其岁，遣中书侍郎李敞诣石室，告祭天地，以皇祖先妣配。"[16]1980年，在大兴安岭北段东麓的鄂伦春自治旗阿里河附近的嘎仙洞内，发现了北魏太平真君四年在此祭祖的石刻祝文，雄辩地证明了大兴安岭即大鲜卑山，嘎仙洞即鲜卑石室，从而说明鲜卑的发源地即今天的呼伦贝尔大兴安岭北段地区。

多年来，考古工作者在鲜卑族的发源地——呼伦贝尔发现了16处鲜卑遗存，除嘎仙洞外，其余均为墓葬，计有拉布达林、扎赉诺尔、完工、孟根楚鲁、伊敏车站等。这些墓葬均为土坑竖穴墓，墓主头向为西北或西；墓室及棺、椁头宽脚窄，棺具以桦树皮、木板为主，也有无棺者。陪葬器有牛马羊头蹄骨，陶器以手制夹砂敞口罐最具特色，泥质陶比例很小，以镞、弓弭为代表的骨器数量较多，桦树皮器数量突出。北朝时期，居于呼伦贝尔地区的主要是室韦诸部。室韦之名始见于北魏，称"失韦"。是时，室韦活动的范围当在嫩江流域。

隋时室韦分五部，《隋书·室韦传》载："室韦，契丹之类也。其南者为契丹，在北者号室韦，分为五部，不相总一，所谓南室韦、北室韦、钵室韦、深末怛室韦、大室韦，并无君长，人民贫弱，突厥常以三吐屯总领之"[17]。这些室韦部落大都居于呼伦贝尔地区。分散在嫩江流域、达赉湖周边以及额尔古纳河流域等。诸室韦互不相属，大都朝贡于唐朝，唐设室韦都督府辖之。蒙兀室韦是呼伦贝尔诸室韦中的一支，《旧唐书·室韦传》记载："望建河……又东经大室韦界，又东经蒙兀室韦之北。"[18]望建河即今额尔古纳河，可证蒙兀室韦的大致范围在今额尔古纳河下游东岸，黑龙江上游以南地区。14世纪伊尔汗国史家拉施特在《史集》中提到当时蒙古人传说他们的祖先来自"额儿古涅·昆"，他说："大约距今两千年前，古代被称为蒙古的那个部落，与另一些突厥部落发生了内讧，终于引起战争。据值得信赖的贵人们的一则故事说，另一些部落战胜了蒙古人，对他们进行了大屠杀，使他们只剩下两男两女。这两家人害怕敌人，逃到了一处人迹罕至的地方……这个地方名叫额儿古涅·昆（即额尔古纳河）。"[19]《蒙古秘史》又载："奉天命而生的孛儿帖·赤那，和他的妻子豁埃·马阑勒，渡过大（滕吉思）湖（即呼伦湖），来到斡难河源头的不尔罕·合勒敦山下驻牧。"[20]这是指9世纪成吉思汗始祖孛儿帖·赤那率领蒙古部众，离开额尔古纳河西迁，度过腾吉思海（呼伦湖），到达斡难河源的布尔罕山驻牧的经过。三本史书均描述了蒙古先祖生活在额尔古纳河和呼伦贝尔草原的历史。

20个世纪90年代初期，在额尔古纳河流域的额尔古纳市奇乾乡，发现了奇乾、岭后、十八里三处遗址。这三处遗址同属聚落遗址，遗址地表遗迹均为呈东西向排列的圆形坑穴,坑穴大小相同,排列有序,应为半地穴式居住址。所发现陶片大都为手制夹砂陶,经 ^{14}C测定年代奇乾遗址距今910±75年。80年代,在海拉尔河北岸陈巴尔虎旗的西乌珠儿,考古工作者发现了三座以独木棺为葬具的墓葬群遗址。90年代中期,又在此发现了三座墓葬,其中有两座为木板棺,一座为桦树皮棺,经 ^{14}C测定的独木棺年代为距今1315±50年,属唐代中期。该墓的族属,有的学者依据《元史·祭祀志》载蒙古皇族"棺用香楠木,中分为二,刳肖人形,其广狭长短,仅足容身而已",以及《草木子》记载的"元朝官裹,用梡木两片,凿空其中,类人形大小合为棺。置遗体其中,加髹漆毕,则以黄金为圈,三圈定,送至其直北园寝之地深埋之",结合墓葬所表现的文化性质推断该墓族属为室韦,并且为蒙兀室韦[21]。这个说法已为学界普遍接受。进而有学者指出,西乌珠尔墓地的独木棺与木板棺、桦树皮棺属一个墓地的两个墓区,代表着两个不同的部族,前者属蒙古乞颜部,后者为与其姻娅关系的迭列列斤蒙古[22]。无独有偶,90年代末,在海拉尔的谢尔塔拉发现了一个墓葬群,正式挖掘了十座墓葬,得到了一批珍贵的文物和有价值的资料,确定为室韦遗迹。谢尔塔拉墓地经过科学发掘,层位关系明确,墓葬形制与随葬品具有典型的地域和时代特征,与西乌珠尔墓葬具有共性,因而被命名为"谢尔塔拉文化",西乌珠尔为谢尔塔拉文化的早期,谢尔塔拉墓地则为晚期[23]。谢尔塔拉文化主要特征可概括如下:墓葬形制均为土坑竖穴,葬具有独木棺、木板棺和桦树皮棺,埋葬习俗以单人葬为主,屈肢葬流行,随葬品基本集中在头部或身体一侧,可分为生活用器、生产工具或武器、马具、装饰品四大类,陶器组合为手制夹砂筒形罐和轮制泥质壶两种,具有游牧民族特征。谢尔塔拉文化分布范围在海拉尔河流域,代表着7至10世纪活动在呼伦贝尔草原的游牧民族文化遗存。考古发现与史籍记载相互印证,还原了住在"额尔古涅·昆"的蒙兀室韦,来到呼伦贝尔草原,继而渡过"腾吉斯海"南迁的历史。因而,我们有理由认为呼伦贝尔是蒙古族的发祥地,额尔古纳河是蒙古族的母亲河。

7至8世纪,突厥人和回纥人先后进入呼伦贝尔岭西地区,这里一度成为突厥汗国和回纥的东部边地。当时的室韦依附于突厥人和回纥人。

辽代,生活在呼伦贝尔岭西地区的部族大致有室韦、乌古、敌烈、塔塔尔等,而岭东则成为契丹人的势力范围。辽朝为控御乌古、迪烈诸部,在北部建立了众多的边防城。《辽史·地理志》载,辽代在呼伦贝尔所属的上京道建立了九个边防城[24]。考古证明,辽在蒙古高原上建立的边防城远远不止九个。呼伦贝尔现已发现辽代边防城共18处,大者如陈巴尔虎旗的浩特陶海古城,边长400～500米,小者如扎兰屯的高台子和王家屯古城,边长仅有70米左右。除了征战以外,为了稳固统治,辽还往呼伦贝尔大量移民,会同二年(939年)冬十月,辽太宗"以乌古部水草肥美,诏北、南院徙三石烈户居之,益以海勒水之善地,为农田。三年,诏以谐里河、胪朐河近地,赐南院欧堇突吕、已斯勃、北院温那河剌三石烈人,以事耕种"[25]。海勒水即海拉尔河,胪朐河即克鲁伦河。新巴尔虎左旗的哈沙日图辽代居住址,有建筑构件、石磨盘、陶片等大量文物和辽代农耕水利设施,是辽代移民"以事耕种"的有力佐证。在浩雅儿陶勒盖发现的规模较大的陶窑遗址，证明了当时这里居住人口的密集程度。此外，在呼伦贝尔草原上还发现有陈旗哈日道布和新左旗甘珠儿花等辽代墓葬。陈旗哈日道布辽代墓葬规格高，随葬品丰富。这里距呼伦贝尔市最大的辽代边防城陶海古城仅7公里，该墓主人应与古城守将有关[26]。军事上辽代在呼伦贝尔设置了西南路招讨司、乌古敌烈统军司[27]等对北部边疆进行军事上的防控。岭东地区则归上京道东北路招讨司辖。

金代初年，女真灭辽，呼伦贝尔草原的蒙古诸部中的塔塔儿、弘吉刺、克烈、乌虎里、迪烈底等部先后臣服于金。金代呼伦贝尔地区属北京路管辖，同时为了加强军事管辖，设置了乌古敌烈统军司。金朝为了抵御北方蒙古诸部的侵扰，在与蒙古诸部边境地带修筑界壕、边堡。现分布在呼伦贝尔市境内的有两道界壕，一道位于大兴安岭以西，东端起于额尔古纳河上库力村，向西沿根河、额尔古纳河，东止于蒙古国乌勒吉河河源，全长700余公里，称岭西界壕。另一道位于大兴安岭东麓，端起于莫力达瓦达斡尔族自治旗尼尔基镇以北的嫩江西岸的七家子村（现已被尼尔基水库淹没），沿大兴安岭的东南坡向西南直至包头市武川县，全长2500余公里，呼伦贝尔境内大约250公里。岭西界壕是由墙、壕、边堡组成，规模较小；岭东界壕规模庞大，由墙、壕、边堡、关城、烽火台和关隘等组成，墙壕修筑也较岭西界壕高深。金界壕构筑形式是掘壕堆土叠墙，墙壕高差可达10米，是防止蒙古骑兵战马冲越的有效防御工事。12世纪，蒙古诸部经过多年纷争，于1189年推举铁木真为汗，从此成吉思汗登上政治舞台，开始了统一蒙古高原的伟业。呼伦贝尔草原生活着塔塔尔、弘吉刺惕、合塔斤、撒勒只兀惕、朵儿边五部，铁木真通过斡里札河、捏木尔格思、阔亦田等几次战役，继而走向了统一整个蒙古高原的征程，并于1206年被蒙古各部共推为"成吉思汗"，建立了"大蒙古国"，蒙古民族共同体形成。蒙古汗国建立，成吉思汗实行土地分封，1214年，成吉思汗将立下战功的四个弟弟和外戚弘吉刺特薛禅家族分封在蒙古草原东部，史称东道诸王。岭东地区后来也逐渐成为贴木哥·斡赤斤后裔的封地。现今额尔古纳市的黑山头古城、鄂温克旗巴彦乌拉古城、大浩特罕古城、小浩特罕古城等就是大弟拙赤·哈撒尔、幼弟帖木哥·斡赤斤的故城。

1368年明朝建立后，元顺帝退守蒙古高原，史称北元。洪武、永乐年间明朝多次派军北征，呼伦贝尔草原是其征战的主要战场之一。呼伦贝尔地区由努尔干都指挥使司下设的一些卫、所管辖，岭西有哈喇孩卫、哈喇哈千户所、海喇儿千户所、只儿蛮卫、坚河卫、古贲河卫、古贲河千户所等，在岭东设阿伦卫、阮里河卫、兀良哈三卫等。明中期，哈撒尔后裔分衍出嫩科尔沁、阿鲁科尔沁、四子、乌拉特、茂明安等部，嫩科尔沁在大兴安岭东麓游牧，其他部落则在岭西直至尼布楚的广阔草原游牧[28]。后金时期，嫩科尔沁归附，继续南迁至西拉沐沧河，靠近后金驻地；游牧在呼伦贝尔的阿鲁科尔沁、四子、乌拉特、茂明安等蒙古部也先后归服于后金，迁往内地。清朝对这一地区管理体制的建立是伴随着沙俄的入侵而一步步完成的。明万历年间，沙俄派兵翻越乌拉尔山侵占了西伯利亚，进而觊觎我国东北。沙俄利用明清交替政局动荡之际，开始了对中国的悍然侵略。沙俄的入侵，导致了世代居于外兴安岭的达斡尔族、鄂温克族、鄂伦春族于顺治年间陆续迁往嫩江流域。1683年清政府平定内乱，开始了对沙俄的反击，设黑龙江将军。将军衙门开始设在瑷珲，至康熙三十八年（1699年）移至齐齐哈尔，下辖齐齐哈尔、墨尔根、黑龙江城三个副都统衙门和呼伦贝尔、布特哈两个总管衙门，两个总管衙门治所均在今呼伦贝尔境内。清朝反击迫使沙俄侵略者坐到了谈判桌前，1689年，双方签订了《尼布楚条约》，划定黑龙江、乌苏里江流域以及额尔古纳河以南以东为我国领土。《尼布楚条约》签订后，呼伦贝尔成为了边防前沿。1732年，清政府为加强呼伦贝尔防务，决定在济拉嘛泰（今扎罗木德）河口筑城，并调嫩江流域索伦（鄂温克族）、达虎尔（达斡尔族）、巴尔虎、鄂伦春三千兵丁驻牧呼伦贝尔。1734年，由于济拉嘛泰河口地方"霜降太早，改勘地址，定于海拉尔筑城"。是年，又从喀尔喀车臣汗部调2400名巴尔虎兵丁进驻。呼伦贝尔城建在伊敏河左岸，现呼伦贝尔市政府所在地海拉尔区正阳街一带。根据《呼伦贝尔志略》记载，城"周四里，南北街二，东西街一，就商户门房为垣，通南北二门，起砖楼于其上……"[29]设呼伦贝尔总管衙门，乾隆七年（1742年），改为"副都统衔总管"。

20世纪初，俄国人修筑东清铁路（即中东铁路），俄国人在呼伦贝尔境内铁路沿线修建的铁路车站及其附属建筑，逐渐形成俄式风格建筑群。在呼伦贝尔城附近建的车站，因濒临海拉尔河而取名"海浪"（海拉尔的译音），随着车站周围的商埠的日益活跃，海拉尔这一新兴的街市名声远播，昔日的"呼伦贝尔城"逐渐为"海拉尔"这一新名所取代。民国时期，呼伦贝尔岭西地区曾于1912至1920年实行地方自治，脱离黑龙江省。1920年后重归黑龙江将军节制，仍设副都统衙门，同时设善后督办兼交涉员公署，并设呼伦、胪滨、室韦、奇乾县，形成旗、县并存和分治的局面。岭东地区也保留西布特哈总管公署，同时设雅鲁县、布西县，直属黑龙江省。日军侵占东北期间，呼伦贝尔沦陷，岭东为兴安东省，岭西为兴安北省，均直辖于伪满洲国。

抗战胜利后，1945年岭西地区建立呼伦贝尔自治省政府，1946年10月改为呼伦贝尔自治政府。1948年改为呼伦贝尔盟，归属内蒙古自治区政府。于1945年在岭东地区建立纳文慕仁省，1946年改称纳文慕仁盟，受中共领导的兴安省政府领导，1947年归属内蒙古自治政府领导。1949年，呼伦贝尔盟和纳文慕仁盟合并，称呼伦贝尔纳文慕仁盟，简称呼纳盟。1954年，撤销东部区行政公署，将原兴安盟和呼纳盟所辖地区合并，改为呼伦贝尔盟，成立呼伦贝尔盟人民政府。作为一级政权，呼伦贝尔盟直属内蒙古自治区领导。盟政府设在海拉尔市。1969年，呼盟大部分地域划归黑龙江省管辖，一部分（原兴安盟的大部分）划归吉林省管辖。1979年重新划归内蒙古自治区管辖。2001年，撤销呼伦贝尔盟设立地级呼伦贝尔市，原来海拉尔市改为海拉尔区。

三　呼伦贝尔市文物考古事业的发展

呼伦贝尔地处祖国北疆，地域辽阔，自古以来就是中国北方少数民族繁衍生息的摇篮。世袭于此的森林狩猎民族和草原游牧民族，有其独特的生产特点和生活方式。由于呼伦贝尔地处偏远，在我国古代典籍中对其历史鲜有记载，而且这些民族大多数没有自己的文字，因而考古学研究对恢复呼伦贝尔历史就显得尤为重要了。

清代以前，人们对呼伦贝尔的历史研究并不多，只是在有关呼伦贝尔发生的历史事件中略有提及。到了近代，随着沙俄和日本帝国主义的侵略，一批人类学家、民族学家开始关注东北的历史。呼伦贝尔的考古是随着沙俄和日本帝国主义的侵略活动而诞生的[30]。17世纪中叶以后，沙皇俄国的入侵不断向黑龙江流域扩展，尤其俄国十月革命后，大量的俄人像潮水般涌入哈尔滨。1922年，一些文化学者在哈尔滨市成立东省文物研究会，在我国东北调查发掘古文化遗址，并曾到内蒙古呼伦贝尔一带活动[31]，发表了《海拉尔附近新石器时代遗址》、《满洲最初发现之旧石器时代文化》、《成吉思汗边墙初步调查》及《北部乌尔科古代边墙》等文章。由于其调查范围有限，发掘不科学，不通汉籍历史等原因，致使其成果有一定的局限性[32]。

1858年，《瑷珲条约》签订后，中国失去了黑龙江以北、外兴安岭以南约60万平方公里的领土。清末形成了以何秋涛、张穆、曹廷杰、屠寄等人为代表的边疆学派，他们对东北及呼伦贝尔地区进行实地调查和文献考证，著书立说，以大量的文献记载和对山川、古迹、民情的调查来证明，被沙俄侵占的黑龙江以北、外兴安岭以南的地区，在历史上就是中国的领土，客观上对呼伦贝尔的历史地理研究起到了一定的推动作用。

1931年"九一八"事变后，随着日本帝国主义对呼伦贝尔的入侵，日本的一些文化侵略者也来到呼伦贝尔开始实地调查。1933年至1938年间，远藤隆次、德永重康、赤崛英三、加纳金三郎等人，曾多次对扎赉诺尔煤矿的"扎赉诺尔人"化石出土地点进行调查。在此期间，我国的考古学家裴文中先生也曾来到呼伦贝尔进行考古调查工作。1933年，在扎赉诺尔煤矿南坑发现人头骨化石一件，远藤隆次将其定名为"扎赉诺尔人"，并认为属旧石器时代末期至中石器时代初期的人类化石。1943年加纳金三郎发现第二个人头骨化石；1944年，我国考古学家裴文中又发现第三个人头骨。据此，1948年，裴文中在《中国史前时期研究》中首次提出并命名了"扎赉诺尔文化"。至1982年，共发现人头骨16个。日本人的足迹踏遍了呼伦贝尔地区，甚至到了俄国远东地区进行调查，成果中较有影响的有白鸟库吉《东胡民族考》、鸟居龙藏的《东北亚搜访记》、《满蒙古迹考》和稻叶岩吉《满洲发达史》等著作。

呼伦贝尔的考古调查和科学发掘是从新中国成立以后开始的，基础性工作则是基于三次较大规模的文物普查：第一次为1975年，时值呼伦贝尔划归黑龙江省期间。黑龙江省考古队会同哈尔滨师范学院历史系，对岭西牧业四旗进行考古普查，调查和发现文物遗址、遗物点100余处，并逐旗编写了《文物档案卡片》，建立了文物普查档案。1978年，呼伦贝尔盟文物管理站成立，呼伦贝尔从此有了专门的从事文物考古的队伍，随即开展了自1981年至1989年的长达8年的文物普查工作。通过此次普查，文物遗址增加到300余处。第三次为2006～2012年间开展的第三次全国文物普查。呼伦贝尔市共调查登录不可移动文物点1153处，其中新发现906处，复查247处。

呼伦贝尔的旧石器时代考古工作是由内蒙古博物馆的汪宇平先生开展的。1980年和1990年，汪宇平曾两次来呼伦贝尔的扎赉诺尔考察，与呼盟文物站米文平、程道宏、王成等对蘑菇山、小孤山遗址进行了调查，对蘑菇山遗址进行了试掘，共发掘、采集文物标本100余件，此项发现和研究填补了呼伦贝尔旧石器时代考古的空白[33]。1962年，安志敏在海拉尔松山进行细石器调查，确认这里属中石器时代遗存，以柳叶形石镞为标准性器物，系统论述了海拉尔细石器的重要学术价值[34]。

呼伦贝尔新石器时代考古，大致可划分为三个阶段。第一个阶段是20世纪70年代以前，佟柱臣、汪宇平、盖山林等到呼伦贝尔调查细石器，并发表了《东北自然环境与史前文化——论东北新石器时代》[35]、《试论中国北方和东北地区含有细石器的诸文化问题》[36]、《内蒙古海拉尔市附近发现细石器文化遗址》[37]、《黑龙江新巴尔虎左旗细石器文化遗址调查》[38]等学术论文，判定海拉尔的细石器属新石器时代中期。此一时期工作以调查为主，是呼伦贝尔新石器时代考古工作的起步阶段。第二阶段是从1984年起，呼伦贝尔文物管理站的王成、赵越等先后在海拉尔河、伊敏河流域进行细石器调查，并对东乌珠尔石镞墓、辉河水坝遗址、团结遗址、哈克遗址等进行了抢救性清理和试掘，发现很多以细石器为特点的新石器时代遗址。1996年内蒙古自治区文物考古研究所塔拉对辉河水坝遗址进行了发掘。2003年~2008年，中国社会科学院考古研究所、内蒙古自治区文物考古研究所、呼伦贝尔民族博物馆、海拉尔博物馆联合对辉河水坝遗址、哈克遗址进行正式考古发掘，清理出墓葬、灰坑等新石器时代考古遗迹，出土一批具有典型地域特征的陶器、石器、骨器、玉器等文物标本。出土数量最多的细石器、三角形石镞具有代表性。以细石器为特征的呼伦贝尔新石器时代遗址，时间跨度为距今8000~4000年。第三个阶段是大兴安岭岩画的发现。早在1974年和1975年，黑龙江省文物考古研究所赵振才在大兴安岭发现两处岩画[39]，之后则一直处于沉寂状态，直到近几年才不断有新的岩画被发现，目前发现岩画遗址点近20处。大兴安岭岩画的研究还处于起步阶段。

青铜时代考古则是黑龙江考古队在呼伦贝尔文物普查时认定的，当时在新巴尔虎右旗发现了哈乌拉石板墓等。该墓群分布墓葬近百座，初步判断属青铜时代遗存。1982年6月，米文平等征集了一件在伊敏煤矿出土的东胡典型器物——琵琶形曲刃青铜剑，证明了战国后期东胡曾在呼伦贝尔活动。1958~1960年，在呼伦湖畔的扎赉诺尔发现一处古代墓群，内蒙古文物工作队对其进行了发掘，共清理墓葬31座[40]；1961年和1963年考古工作者又在陈巴尔虎旗完工抢救性发掘墓葬6座[41]。这两处墓葬的发现、发掘、研究，掀开了呼伦贝尔汉代拓跋鲜卑考古学的篇章。根据上述两处墓地发掘情况，宿白《东北、内蒙古地区的鲜卑遗迹——鲜卑遗迹辑录之一》[42]、李逸友《扎赉诺尔古墓为拓跋鲜卑遗迹论》[43]正式提出该两处墓地属于拓跋鲜卑遗迹，推测时代"大约是拓跋祖先推寅（宣帝）南迁大泽方千余里，厥土昏莫[44]沮洳前后的遗迹"，完工墓地早于扎赉诺尔墓地。随着与扎赉诺尔墓地相似墓葬的不断被发现，如鄂温克旗伊敏河[45]、额尔古纳右旗拉布达林[46]等，完工墓地与它们的差别越来越明显，从而引起学界对完工墓地的重新讨论，潘玲认为"完工墓葬年代相当于西汉时期，以汉书二期文化为主体，同时受到较多西汉匈奴文化影响……而扎赉诺尔墓地的年代为东汉前期，以匈奴文化为主体"[47]。

1980年，米文平在大兴安岭北段的嘎仙洞发现了北魏太平真君四年（443年）祭祀的祝文石刻，成为当时震惊世界的重大考古发现。1979年9月1日，米文平、程道宏等首次调查嘎仙洞；1980年1月18日，米文平、王成在李维国、姜凤翔、彭绍普等同事协同下，第二次调查嘎仙洞；3月米文平写出《拓跋鲜卑先祖石室考》提交内蒙古考古学会并作大会报告，后发表于《黑龙江省文博学会成立纪念文集》；1980年6月4日，米文平、汪宇平在彭绍普、阿尔滕布库等同志协同下，第三次调查嘎仙洞，在洞内土层中发现陶片；1980年7月30日，米文平、王成、陈凤山、孟广耀、曹永年在彭绍普协同下，第四次调查嘎仙洞，午后4时在洞内发现了北魏太平真君四年石刻祝文。祝文汉字魏书，隶意犹浓，古朴雄健，苍然可辨，其内容与《魏书》记载相符，从而确凿证实嘎仙洞即拓跋鲜卑祖先居住的旧墟石室。十天后，即8月10日中央人民广播电台播报了这一重大考古发现的消息。新华社以八种外语向全世界发布了这一消息。随后，一些省报、呼伦贝尔报等都转发了这则消息。同年11月25日《光明日报》发表了米文平《大兴安岭北部发现拓跋鲜卑旧墟石室》的报告。党的十二大前夕，中央人民广播电台于1982年8月30日报道："党的三中全会以来，我国文物管理事业得到了全面的恢复和发展……内蒙古鄂伦春旗鲜卑石窟……罕见的重大发现，在国内外都受到普遍的重视。"国家文物局顾问谢辰生同志在《文物工作》1985年第1期发表《关于当前文物工作的几点意见》，指出："内蒙古鄂伦春的嘎仙洞，说明了鲜卑族发源的历史，不仅有很高的历史价值，而且在说明我国历史疆域问题上还有很大的政治作用，其价值绝不比秦俑坑差。"嘎仙洞遗址的发现解决了长久以来困惑史学界的拓跋鲜卑起源地问题[48]，并为我们提供了一个可靠的地理坐标，使得一些原始典籍中记载的大鲜卑山、大泽、乌洛侯、地豆于、难水、室韦等地理位置迎刃而解[49]，《中国历史地图集》也将乌洛侯、失韦等地理位置据以修订出版。1980年8月，米文平、王成、史湘荃在马耀昕、吉发习指导下，在嘎仙洞洞口横挖一条宽1、长19米的排水沟，在文化层中发现一些手制夹砂陶片（复原陶罐一件）、细石器和许多骨器[50]。

1987年、1992年，内蒙古自治区文物考古研究所、呼伦贝尔盟文物站等先后两次对额尔古纳右旗拉布达林鲜卑墓进行清理和发掘。该墓群位于嘎仙洞遗址与扎赉诺尔墓地之间，对探讨拓跋鲜卑的起源与迁徙起到了关键作用。

隋唐时期的考古是伴随着对室韦考古学文化的逐步认知而开展的。早在1987年，呼伦贝尔文物管理站白劲松等在陈巴尔虎旗西乌珠尔调查清理了五座由于风雨侵蚀遭到破坏的古墓，葬具均为独木棺。经中国社科院考古所实验室对86MCXM2棺木样品测定[51]，其年代为距今1315±50年（公元635±50年），树轮校正年代为距今1250±55年，代表着7～8世纪游牧民族的文化遗存，发掘简报认为是辽代早期契丹人墓地[52]。此后，有学者[53]根据叶子奇《草木子》记载：元朝棺椁，用楠木二片，凿空其中，类人形小大合为棺，置遗体其中，加髹漆毕，则以黄金为圈，三圈定，送至其直北园寝之地深埋之[54]，推断该墓为室韦遗存。此一观点后被学界普遍接受。1995年，呼伦贝尔文物管理站殷焕良等又在此发掘墓葬三座[55]。与1987年不同的是，这三座墓葬中的两座为桦木板棺，另一座为桦树皮棺。林梅村认为：独木棺是从大兴安岭下山的乞颜部古墓，桦木板棺或桦树皮棺则为与乞颜人通婚的某个"迭列列斤"部落，而西乌珠尔墓地是这两个互为姻娅的原蒙古人的公共墓地[56]。当然，这只是一种推测，其真实性有待于考古发现的进一步证实。

1990年6月，为了配合中俄两国联合开发黑龙江和额尔古纳河的水利资源工程，内蒙古自治区文物考古研究所、呼伦贝尔盟文化处、呼伦贝尔盟文物站、额尔古纳右旗文化局、额尔古纳右旗文物所联合对额尔古纳河下游东岸的奇乾至恩和哈达沿岸地区进行文物普查，共发现三处聚落遗址，为奇乾、岭后、十八里遗址。居住址地面遗迹基本相同，均为近似圆形的坑穴密集有序排列，采集有陶片、骨器等，经^{14}C测定，其年代距今910±75年，树轮校正865±85年。据此可初步推断，该遗址族属应为室韦人的一部，其年代上限不早于隋唐，下限不晚于金代[57]。

1998年，中国社科院考古所、呼伦贝尔民族博物馆、海拉尔区文物管理所联合对谢尔塔拉墓地进行发掘，清理不同规格墓葬10座，出土金、银、铜、铁、陶、木、桦树皮器等200余件，发掘者认为属9～10世纪的室韦墓葬遗存[58]，并把此类遗存命名为"谢尔塔拉文化"。西乌珠尔墓葬属谢尔塔拉文化早期遗存，时间为7～8世纪，谢尔塔拉墓葬则属晚期，时间为9～10世纪。

辽金时期考古主要以辽代边防城、墓葬和岭西、岭东两条界壕为主。呼伦贝尔发现辽代边防城达十余处之多，岭西有浩特陶海、赫热木图、毛希道布、吉布胡郎图、甘珠尔花、煤田东等古城，岭东有高台子、九村、王家屯等，其中最大者为浩特陶海古城。1995年，在距离浩特陶海古城西北7公里处的巴彦库仁镇哈日道布，发现三座辽代墓葬，其中1号墓为规模较大的棺椁墓，根据出土器物推断，该墓主人应为五品以上的辽朝官员，该级别官员在偏远的呼伦贝尔草原发现，应与规模较大的浩特陶海古城有关[59]。此外，1991年，在甘珠尔花发现辽代石棺墓3座，呼伦贝尔盟文物站对其进行了抢救性清理[60]。金代岭西、岭东两条界壕很早以前就引起学界关注。1864年，俄国贵族克鲁泡特金在中国边境游历，将岭西界壕称为成吉思汗边墙。1897年，屠寄主持黑龙江舆图测绘，命名为金源边堡[61]。张家璠、张伯英认为是兀朮长城[62]。近年，有人主张辽代长城说[63]，有人主张金代长城说[64]。2009年，全国长城普查期间对该段界壕进行了全面普查，我们认为，岭西界壕属金代说较为可信。岭东界壕研究颇早，因《金史》明载，因而对其时代也无争议。王国维撰《金界壕考》开我国专研金界壕之先河[65]，此间屠寄《黑龙江舆图》、《蒙兀儿史记》，张牧《蒙古游牧记》，金毓黻《东北通史》也有考证。新中国成立后，始对岭东界壕进行科学的考古调查，较著名者有孙秀仁[66]、贾洲杰[67]、赵玉明[68]等。2009年，全国长城普查期间对该段界壕进行了全面普查。

蒙古汗国至元时期，呼伦贝尔发现了两处重要古城，即黑山头古城和巴彦乌拉古城。黑山头古城在西清《黑龙江外记》有记载，谓"巴图尔霍硕有砖城，方数里，址犹及肩者"[69]，此城即指黑山头古城，屠寄《蒙兀儿史记》认为是札木合城[70]，张伯英《黑龙江志稿》称作宏吉剌氏故城[71]，张家璠《呼伦贝尔志略》称之为铁木哥·斡赤斤城[72]，松迪持此说[73]，而景爱、张泰湘则认为古城为成吉思汗大弟拙赤·哈撒尔故城[74]。我们认为，黑山头古城当为辽代所建边防城之一，后为拙赤·哈撒尔沿用。巴彦乌拉古城最早发现于1975年黑龙江省考古队在辉河流域的文物普查，当时认为是元代古城。1989年，呼伦贝尔文物站米文平等又对其进行了调查，发表《斡赤斤故城的发现与研究》[75]，认为巴彦乌拉古城为帖木哥·斡赤斤故城。松迪则认为巴彦乌拉古城为辽代乌古敌烈统军司所在地，在蒙古汗国建立分封时，为哈其温子阿勒其岱的封地，并为其沿用[76]。目前，该古城为帖木哥·斡赤斤故城仍是学界主流说法。

明清时期，传统考古学研究较少，只是一些本地历史学者对一些喇嘛庙有所涉猎。

近代以来，由于沙俄入侵，中东铁路的修筑，在沿线仍保留有大量建筑，这些建筑除了铁路站舍、桥梁等大量公共建筑，还附属许多铁路工作人员所使用的民用建筑，涵盖行政办公建筑、金融交通建筑、文教卫生建筑、娱乐休闲场所、职工宿舍以及宗教建筑等，建筑风格表现为古典主义、浪漫主义、巴洛克式等，具有较高的艺术欣赏与审美价值。这些建筑目前大都保存完好，有着浓郁的异乡风情。 除此而外，日军侵华时留下的大量的军事工事，是呼伦贝尔近代考古的重点。海拉尔日军要塞、诺门罕战争遗址、巴彦汗毒气实验场、绰源日军机场和机库、扎兰屯日军仓库等，都有力的见证了日军在中国犯下的累累罪行。

通过第三次全国文物普查中，呼伦贝尔市共调查登录不可移动文物点1153处，其中全国重点文物保护单位13处，包含了81个不可移动文物点；有自治区重点文物保护单位22处；经不完全统计，呼伦贝尔市及所属旗（市、区）现有市县级文物保护单位158处。

注释

[1] （清）西清:《黑龙江外记》卷一，广雅书局刻本，光绪二十年（1894 年）刊印，第 2 页。

[2] 汪宇平:《扎赉诺尔蘑菇山旧石器时代晚期遗址》,《内蒙古文物考古文集（第一辑)》，科学出版社，1994 年。

[3] 干志耿、孙秀仁:《黑龙江古代民族史纲》，黑龙江人民出版社，1987 年，第 42～49 页。

[4] 安志敏:《海拉尔的中石器遗存——兼论细石器的起源和传统》,《考古学报》，1978 第 3 期。

[5] 中国社会科学院考古研究所细石器课题组、内蒙古自治区文物考古研究所、内蒙古自治区呼伦贝尔市民族博物馆:《内蒙古呼伦贝尔辉河水坝细石器遗址发掘报告》,《考

古学报》，2008 年第 1 期。

[6] 中国社会科学院考古研究所、内蒙古自治区文物考古研究所、内蒙古自治区呼伦贝尔民族博物馆、内蒙古自治区呼伦贝尔市海拉尔博物馆：《哈克遗址——2003 ~ 2008 年考古发掘报告》，文物出版社，2010 年。

[7] 干志耿、孙秀仁：《黑龙江古代民族史纲》，黑龙江人民出版社，1987 年，第 75 ~ 76 页。

[8] 王成：《呼伦贝尔东乌珠尔细石器墓清理简报》，《辽海文物学刊》，1988 年第 1 期。

[9] 翦伯赞：《内蒙访古》，文物出版社，1963 年。

[10] 司马迁：《史记·索引》。

[11] 赵越主编《古代呼伦贝尔》，内蒙古文化出版社，第 44 页。

[12] 干志耿、孙秀仁：《黑龙江古代民族史纲》，黑龙江人民出版社，1987 年，第 88 ~ 89 页。

[13] 范晔：《后汉书》卷九十，《乌桓传》。

[14] 范晔：《后汉书》卷九十，《鲜卑传》。

[15] 魏收：《魏书》卷一，《序记》。

[16] 魏收：《魏书》卷一〇八，《礼志》。

[17] 魏徵：《隋书》卷八十四，《室韦传》。

[18] 刘昫：《旧唐书》卷一九九下，《室韦传》。

[19] 拉施特著，余大钧、周建奇译《史集》第一卷第一分册，商务印书馆，1983 年，第251 页。

[20] 余大钧译注《蒙古秘史》卷 1，河北人民出版社，2001 年，第 3 页。

[21] 赵越：《论呼伦贝尔发现的室韦遗迹》，《内蒙古文物考古文集（第一辑)》，中国大百科全书出版社，1994 年。

[22] 林梅村：《从额尔古纳松林到成吉思汗的崛起》，《海拉尔谢尔塔拉墓地》，科学出版社，2006 年。

[23] 刘国祥、白劲松：《论谢尔塔拉文化及相关问题》，《海拉尔谢尔塔拉墓地》，科学出版社，2006 年。

[24] 脱脱：《辽史》卷三十七，《地理志·一》。

[25 脱脱：《辽史》卷五十九，《食货志·上》。

[26] 呼伦贝尔盟文物管理站、陈巴尔虎旗文物管理所：《内蒙古陈巴尔虎旗巴彦库仁辽代墓葬清理报告》，《考古学集刊·14》，文物出版社，2004 年。

[27] 呼伦贝尔盟地方志办公室编《呼伦贝尔盟情》，内蒙古人民出版社，1986 年，第 5 页。

[28] 乌云毕力格主编《内蒙古通史》第四卷，《明朝时期的内蒙古地区》，人民出版社，2011 年，第 178 ~ 179 页。

[29] 程廷恒、张家璠：《呼伦贝尔志略》，内蒙古文化出版社，2003 年，第 37 页。

[30] 陈桂婷：《呼伦贝尔历史考古综述》，《内蒙古社会科学（文史哲版)》，1997 年第 4 期。

[31] 李逸友：《论内蒙古文物考古》，《内蒙古文物考古文集（第一辑)》，中国大百科全书出版社，1994 年，第 3 页。

[32] （俄）B.B.包诺索夫：《北满考古史》，吴文衔主编《黑龙江考古民族资料译文集》（第

1 辑），北方文物杂志社，1991 年。

[33] 汪宇平：《扎赉诺儿蘑菇山旧石器时代晚期遗址》，《内蒙古文物考古文集（第一辑）》，科学出版社，1994 年。

[34] 安志敏：《海拉尔的中石器遗存——兼论细石器的起源和传统》，《考古学报》，1978 年第 3 期。

[35] 佟柱臣：《东北自然环境与史前文化——论东北新石器时代》，《辽海引年集》，北京和记印书馆，1947 年排印本。

[36] 佟柱臣：《试论中国北方和东北地区含有细石器的诸文化问题》，《考古学报》，1979 年第 4 期。

[37] 汪宇平：《内蒙古海拉尔市附近发现细石器文化遗址》，《考古通讯》，1956 年第 3 期。

[38] 盖山林：《黑龙江新巴尔虎左旗细石器文化遗址调查》，《考古》，1972 年第 4 期。

[39] 赵振才：《大兴安岭原始森林里的岩画古迹》，《北方文物》，1987 年第 1 期。

[40] 郑隆：《内蒙古扎赉诺尔古墓群调查记》，《文物》，1961 年第 9 期；郑隆：《内蒙古扎赉诺尔古墓群发掘简报》，《考古》，1961 年第 12 期。

[41] 潘行荣：《内蒙古陈巴尔虎旗完工索木发现古墓葬》，《考古》，1962 年第 11 期；内蒙古文物工作队：《内蒙古陈巴尔虎旗完工古墓群清理简报》，《考古》，1965 年第 6 期。

[42] 宿白：《东北、内蒙古地区的鲜卑遗迹——鲜卑遗迹辑录之一》，《文物》，1977 年第 5 期。

[43] 李逸友：《扎赉诺尔古墓为拓跋鲜卑遗迹论》，《中国考古学会第一次年会 (1979)》，文物出版社，1980 年 12 月出版。

[44] "莫"应为"冥"。

[45] 程道宏：《伊敏河地区的鲜卑墓》，《内蒙古文物考古》，第 2 期。

[46] 赵越：《内蒙古额右旗拉布达林发现鲜卑草》，《考古》，1990 年第 10 期。

[47] 潘玲：《完工墓地的文化性质和年代》，《考古》，2007 年第 9 期。

[48] 米文平：《鲜卑石室的发现与初步研究》，《文物》，1981 年第 2 期。

[49] 米文平：《鲜卑石室所关诸地理问题》，《民族研究》，1982 年第 4 期。

[50] 米文平：《鄂伦春自治旗嘎仙洞遗址 1980 年清理简报》，《鲜卑史研究》，中州古籍出版社，1994 年。

[51] 中国社科院考古所实验室：《放射性碳素测定年代报告 15》，《考古》，1988 年第 7 期。

[52] 白劲松：《陈巴儿虎旗西乌珠尔古墓清理简报》，《辽海文物学刊》，1989 年第 2 期。

[53] 赵越：《论呼伦贝尔发现的室韦遗迹》，《内蒙古文物考古文集（第一辑）》，中国大百科全书出版社，1994 年。

[54] （明）叶子奇：《草木子》，《元明史料笔记丛刊》，中华书局，2006 年，第 60 页。

[55] 呼伦贝尔盟文物管理站：《陈巴尔虎旗西乌珠尔古墓葬调查清理简报》，《内蒙古文物考古》，1997 年第 2 期。

[56] 林梅村：《从额尔古纳松林到成吉思汗的崛起》，《海拉尔谢尔塔拉墓地》，科学出版社，2006 年。

[57] 内蒙古自治区文物考古研究所、呼伦贝尔盟文物管理站、额尔古纳右旗文物管理所：《额尔古纳右旗奇乾乡文物普查简报》，《内蒙古文物考古文集（第一辑）》，中国大百科全书出版社，1994 年。

[58] 刘国祥、白劲松：《内蒙古呼伦贝尔市海拉尔区谢尔塔拉墓地》，《海拉尔谢尔塔拉墓地》，科学出版社，2006 年。

[59] 呼伦贝尔盟管理文物站、陈巴尔虎旗文物管理所：《内蒙古陈巴尔虎旗巴彦库仁镇辽代墓葬清理报告》，《考古学集刊·14》，文物出版社，2004 年。

[60] 王成、陈凤山：《新巴尔虎左旗甘珠尔花石棺墓群调查清理简报》，《内蒙古文物考古》，1992 年 Z1 期。

[61] 屠寄：《黑龙江舆图》，光绪二十五年石印本，第 36～38 图。

[62] 程廷恒、张家璠：《呼伦贝尔志略》，内蒙古文化出版社，2003 年，第 294 页；张伯英：《黑龙江志稿》附图，民国二十一年刻本。

[63] 孙秀仁：《黑龙江历史考古述论》，《社会科学战线》，1979 第 1 期，《关于金长城（界壕边堡）的研究与相关问题》，《北方文物》，2007 年第 2 期；景爱：《关于呼伦贝尔古边壕的时代》，《社会科学战线》，1982 第 1 期，《关于呼伦贝尔边壕的探索》，《历史地理》第 3 辑。

[64] 米文平、冯永谦：《岭北长城考》，《辽海文物学刊》，1990 年第 1 期。

[65] 王国维：《金界壕考》，《燕京大学学报》，1927 年第 1 期，后收载《观堂集林》。

[66] 黑龙江省博物馆：《金东北路界壕边堡调查》，《考古》，1961 年第 5 期。

[67] 贾洲杰：《金代的长城》，《中国长城调查报告集》，文物出版社，1981 年第 76～83 页。

[68] 赵玉明：《岭东金代长城调查》，《内蒙古社会科学》，1993 年第 1 期。

[69] 西清：《黑龙江外记》卷二，广雅书局刻本，光绪二十年 (1894 年) 刊印，第 2 页。

[70] 屠寄：《蒙兀儿史纪》卷二，《成吉思可汗本纪》。

[71] 张伯英：《黑龙江志稿》附图1，民国二十一年刻本。

[72] 程廷恒、张家璠：《呼伦贝尔志略》，内蒙古文化出版社，2003 年，第 294 页。

[73] 松迪：《关于黑山头古城》，《北方文物》，2000 年第 4 期。

[74] 景爱：《黑山头古城考》，《吉林大学社会科学学报》，1980 年第 6 期；张泰湘：《额尔古纳右旗黑山头元代古城》，《黑龙江古代文物》，黑龙江人民出版社，1979 年，第 109～113 页。

[75] 米文平：《斡赤斤故城的发现与研究》，《鲜卑史研究》，中州古籍出版社，2000 年，第 286～295 页。

[76] 松迪、丽娜：《呼伦贝尔辉河流域古城群落遗址考》，《北方文物》，2010 年第 4 期。

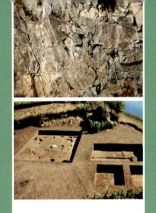

文化遗产

文化遗产 目录

石器时代

呼伦贝尔石器时代遗址现已发现近300处，从其内涵上可以分为三大类，一为旧石器时代遗址，仅发现三处；二为以细石器为代表的新石器时代遗址，该类遗址在石器时代占有多数，分布相当广泛；另一类则为以大兴安岭岩画为代表的新石器时代遗址，大约有15处。

旧石器时代遗址较有代表性的是扎赉诺尔蘑菇山北遗址，属旧石器时代晚期，以大型打制石器为特点，石锤占据比重较大，尖状器和砍砸器不占地位，应与呼和浩特市大窑文化有一定联系。蘑菇山北遗址距今二三万年，以细石器为代表的新石器时代遗址则主要分布在海拉尔河、伊敏河、乌尔逊河、嫩江两岸台地上，代表性的遗址有辉河水坝遗址、哈克遗址、东乌珠尔等。呼伦贝尔细石器是北方草原地区细石器传统文化的典型代表，大量利用细石叶制成的精美石镞、石钻、石刃和削刮器等，显示出细石器工艺发展的成熟阶段，其工艺技术已经达到了顶峰，在我国具有典型性和代表性。该类遗址距今8000~4000年。大兴安岭岩画是近几年才被大量发现，均为彩绘岩画，一般选择绘在石砬子上较为平整的石面上，内容大都与狩猎有关。有学者认为，岩画属唐代以前遗迹，有的认为属新石器时代，年代在4000年前。

▌▌▌ 1 ▌▌▌ 满洲里市蘑菇山北遗址

撰稿：赵艳芳
摄影：给拉巴干

全国重点文物保护单位。

位于内蒙古满洲里市扎赉诺尔矿区蘑菇山上，西距满洲里约30公里处，北距中俄边境5公里，东有木图那雅河和海拉尔河，南有呼伦湖。301国道在南侧山脚下通过。

1980年6月，内蒙古博物馆旧石器专家汪宇平先生等在此进行调查，发现四个旧石器地点，出土有刮削器、尖状器、砍砸器等。1990年，汪宇平先生对该遗址进行复查。到目前为止，已出土和采集各种打制石器100余件。蘑菇山北遗址是呼伦贝尔分布面积最广的旧石器遗址，距今二三万年。蘑菇山北遗址共分四个地点，

遗址局部（第一地点）

遗址北坡（北一南）

现分述之。

第一地点：位于蘑菇山主峰正北约500米，面积约5000平方米，先后采集和出土打制石器和石片等133余件。

第二地点：位于蘑菇山主峰南坡，面积约2000平方米。采集打制石器6件，其中一件为龟背形刮削器。

第三地点：位于蘑菇山主峰东北约1.5公里，面积5000平方米。采集打制石器8件，其中一件为尖状器，一件石锤。

第四地点：位于蘑菇山主峰北约2公里，面积约1000平方米。采集石锤7件，其他打制石器20余件。

1980年和1990年两次所得的石制品中，采集最多的是刮削器，其次是石片，再次是石锤，而尖状器和砍砸器较少。石器多由安山岩石块打制而成，平均长度在100毫米以上，属于大型石器传统。加工方法分为单向打击法和交互打击法两种，制作方法与大窑遗址相似。

蘑菇山北遗址的发现，为研究中国北方地区旧石器时代远古居民的生产生活方式，与西伯利亚和蒙古高原其他地域文化交流及自然环境变迁提供了珍贵的实物依据，具有很重要的学术价值。

尖状器

石锤

砍砸器

石刀

砍砸器

刮削器

⫴ 2 ⫴ 海拉尔松山遗址 —————

撰稿：赵艳芳 赵彦嵩
摄影：赵彦嵩

呼伦贝尔市重点文物保护单位。

位于海拉尔区西山。海拉尔区位于海拉尔河与伊敏河汇流处的一片冲积平原上，伊敏河自南向北穿越海拉尔市区，西山即位于伊敏河左岸，西山上生长着百年以上的樟子松和灌木，因而又称"松山"。松山分南北两部分，滨州铁路由中间穿过，细石器就分布在铁路两侧。

1928年东省文物研究会在这里发现了八个地点。1956年，内蒙古自治区文化局文物组在此做过调查。1962年，中国社科院考古所安志敏又在此发现十六个地点。1978年以来，通过文物普查，呼伦贝尔文物管理部门在北至安邑车站、南至鄂温克旗界，东西宽6公里的范围内的海拉尔西山又发现细石器遗存地点30余处。

遗址大都分布于经过风雨剥蚀的沙坑中，以安志敏发现的第六地点为例，从其暴露的地层剖面可见，一层为红褐色土层，厚0.6米。在深0.5米处发现一件长刮削器。二层至四层为灰黄、淡黄、青灰色沙土层，未见遗物。

采集的文化遗物中，以细石器为主。零星的陶片只见于个别地点，其时代也较晚。

石器质料包括火石、燧石、凝灰岩、

碧玉和玉髓等。采集的细石器从制作工艺和器形上，可分为细石核、细石叶、石片、刮削器、雕刻器、矛、镞、砍砸器、斧形器、船底形器等。细石核有船底形、扁锥形、楔形、圆柱形、圆锥形五种。细石叶有长条形、尖端细石叶、加工细石叶、细石叶尖状器四种。石片分为长条形、不规则的长条形石片、石屑等。刮削器分为长刮器、短刮器、圆刮器、圆头刮圆、弧刃刮器、复刃刮器、双边刮器、多边刮器八类。雕刻器分为盘状雕刻器、叶状雕刻器。矛、镞、砍砸器、斧形器、船底形器均采集到一种器形。

海拉尔松山遗址采集的文化遗物是典型的细石器，没有同时代陶器共生。同样的现象也见于陕西大荔沙苑、河南许昌灵井、山西沁水下川和河北阳原虎头梁等遗址，特别是后两处经过发掘，有着明确的地层证据，证明这种以细石器为代表的遗存，属于中石器时代的可能性较大，它的绝对年代可能距今八九千年。

松山地貌

石核与刮削器

‖‖‖ 3 ‖‖‖ 新巴尔虎左旗铜钵好赉新石器遗址

撰稿：赵艳芳　巴图孟和
摄影：巴图孟和

新巴尔虎左旗重点文物保护单位。

位于阿木古郎宝力格苏木伊和呼热嘎查东北20.5公里，铜钵庙西北3.5公里。铜钵好赉西侧，地势偏高，为一处古聚落址。

早在1975年全国第二次文物普查时，黑龙江省考古研究所派考古队进行考古调查时发现。

遗址处于乌尔逊河东岸干涸河道两侧的台地上，面积为18万平方米，采集到大量的细石器，都是以玛瑙、石髓、蛋白石、黑曜石、燧石等为原料制作的石器，有刮削器、石镞、石叶、石刃、石核等，也有石斧、石磨、石杵、石网坠等磨制石器。

石器以压制为主，也有打制和磨制的。石镞多为长条状石叶制成，仅镞尖两侧略施压剥加工，比较原始。大型打制石器，如砍砸器、盘状器等有旧石器时代石器特征。陶器极少，仅见陶片数例，均为夹砂黄褐陶，手制，厚壁，素面无纹，较原始。古墓群颇为密集，经清理，其中七座墓葬均为土坑墓，每座墓葬一至二人。

葬式以单人屈肢葬为主，也有单人直肢葬。墓中随葬品几乎均为在胸前置放一至数枚蚌壳，别无他物，反映氏族内部未出现贫富分化。

铜钵好赉遗址出土大批石核和压制石器，可能是一处石器制造场。从大部分石器的器形和用途看，说明当时人们从事渔猎生活。由于出土了石杵、石磨盘以及研磨器和磨制石器，也可以认为当时似已存在原始农业并已相对定居，只是压制石器数量很大，故原始农业比重远不及原始游猎经济。

佟柱臣先生在他的巨著《中国新石器研究》中也较详细地对铜钵好赉遗址进行了研究。仅就细石器而言，他从器形、用料、加工工艺及所达到的水平等各方面，与哈克遗址、辉河水坝遗址及东乌珠尔细石器墓葬进行对比，认为这些遗址的文化内涵基本一致。综上所述，铜钵好赉遗址的年代属新石器时代早期，距今大致9000～8000年。

遗址地表地貌

陶片、石器、石环

撰稿：赵艳芳　通拉嘎
摄影：巴图孟和

新巴尔虎左旗重点文物保护单位。

位于吉布胡郎图苏木呼伦嘎查东北4.5公里，哈达乃浩来湖南1公里的胡乐特敖包山上。

2009年呼伦贝尔市第三次全国文物普查时首次发现该遗址。遗迹主要分布在胡乐特敖包山的山顶和山腰处，面积5000平方米。地表散落着大量石器及陶片，其中石器包括石磨盘、石镞、石核、石刃、石叶、刮削器等，生活痕迹非常明显。山顶处有人骨及墓葬露出地表，并伴有灶坑与牛羊骨。此处应为一处聚落遗址。因遗址

遗址地表地貌

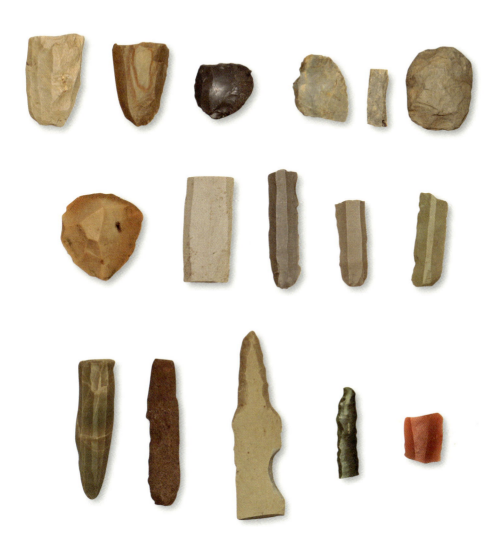

石器

在草原深处，较少受到人为破坏，因而保存较好。

遗址采集的石叶、石片较多，石核和刮削器次之，也有少量的石磨盘、石环、石斧等大型石器，石镞最少。从器形比较分析，胡乐特敖包新石器遗址采集的椎型石核和大型石器与铜钵好赉遗址有相似之处，而采集的楔形石核及红褐色篮纹陶与辉河水坝遗址相同。因而推断胡乐特敖包新石器遗址年代最晚不晚于辉河水坝遗址，距今7000年左右。

‖‖ 5 ‖‖ 新巴尔虎左旗呼和诺尔新石器遗址

撰稿：赵艳芳　关荣
摄影：巴图孟和

新巴尔虎左旗重点文物保护单位。

位于新巴尔虎左旗乌布尔宝力格苏木呼和诺尔嘎查西北5公里，西南距呼和诺尔湖200米，遗址即位于湖岸二级台地上，此处为一呈东西走向的弧形沙带，地表散落着大量石器。

1999年10月，呼伦贝尔民族博物馆业务人员对这里进行考古调查，因风蚀作用，在一个沙坑底部不足百平方米的沙丘中散布大量细石器。采集有代表性的器物226件：其中石镞42件，多为残品，可能是加工的半成品；石核5件；刮削器7件；石叶及石片162件；石钻10件。此处应是一处细石器加工场。这里的石镞有一个共同特征，都是以石叶为原料进一步压剥成器的，而且底部都是圆形，更多的是底部不加工，保持石叶原状。

2006年9月，中国社会科学院考古研究所和呼伦贝尔民族博物馆专业人员，又对呼和诺尔遗址进行了一次考古调查。调查面积60万平方米，发现文化遗物分布地点有四处。其中一处含有新石器时代原生地层，在该遗址采集文化遗物1164件，

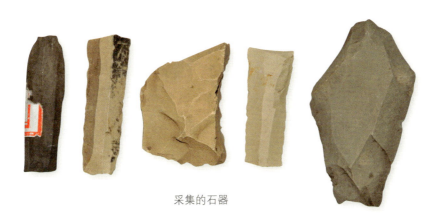

采集的石器

遗址局部

采集的遗物

以细石器为主的石制品1051件，石雕刻1件，骨锥3件，陶片96件，铁饰件5件，动物牙齿8枚。

呼和诺尔新石器遗址文化内涵较为丰富，石制品中以细石器为主，较大型石器很少。陶器可复原者仅一件，绝大多数为陶片，采自新石器时代文化层者很少，主要出自于地表。骨器皆为骨锥，均出自新石器时代文化层，采用磨制技术制成。根据采集文化遗物，特别是采集的陶片分析，遗址包含有新石器时代、汉代、隋唐时期以及辽代文化遗存。该处遗址延续的时间长，内涵丰富，是呼伦贝尔草原地区重要的细石器遗址之一。其新石器文化年代应与铜钵好赉遗址相当，可能早到距今9000～8000年。

||||| 6 ||||| 鄂温克族自治旗辉河水坝遗址

撰稿：赵艳芳

摄影：安永明

全国重点文物保护单位。

位于鄂温克族自治旗锡尼河西苏木西7公里处，辉河右岸，以辉河水坝东端为起点，遗址分布在向北延伸500、宽约40米的河岸台地上。

1975年文物调查时发现该遗址，1978裴文中、盖培先生等来此地考察，采集了

大量的细石器、陶片等遗物，发现一人头骨。1984年，呼伦贝尔盟文物站在文物普查中，对该遗址进行了试掘。1987年，佟柱臣先生来此调查，也进行了小面积的试掘。1991年，田广金先生来这里考察，进行了试掘。1996年内蒙古自治区文物考古研究所与呼伦贝尔文物站联合对此进行了

远景

清理堆积动物骨骼灰坑

遗址内散落的细石器

第一次发掘。2003年、2004年中国社科院考古所与呼伦贝尔博物馆联合进行了第二次发掘。

辉河水坝遗址是呼伦贝尔地区一处重要的新石器时代遗址，遗址沿河岸分布，面积约2万平方米。遗址文化层为灰黑色细沙层，最厚可达1米。遗址中不仅发现有大量的精美箭头、石钻和石刃，还有许多圆头刮削器和一些较大型的打制石器以及大量可以用于了解细石器制作过程的废弃细石核。发现了用火遗迹和居住遗迹。在堆积动物骨骼的灰坑中，骨骼种类近10种，有食草类、食肉类还有鸟禽类和鱼类及啮齿类的动物。

辉河水坝遗址新石器时代文化层出土大量以细石器为主的石制品和一些陶片，清理出用火遗迹和堆积大量动物骨骼的灰坑，特别是发现细石器制作现场、居住遗迹和墓葬等，表明该遗址既是史前先民细石器的制造场，又是人们居住生活的地方。呼伦贝尔新石器时代细石器十分发达，延续时间也较长，根据文化遗物、遗迹特征结合测年结果，我们认为辉河水坝遗址的年代在距今8000～4000年，属于哈克文化早期阶段遗址。

呼伦贝尔是研究北方游牧民族起源及其文明发展的重要地区，辉河水坝遗址丰富的文化内涵，对研究这里的自然环境变迁、史前先民及其文化起源、社会发展具有不可替代的作用。

石铲

出土的石器

⫼⫼⫼ 7 ⫼⫼⫼ 海拉尔区哈克遗址

撰稿：赵艳芳 赵彦嵩
摄影：庞雷　赵彦嵩

全国重点文物保护单位。

位于呼伦贝尔市海拉尔区哈克镇哈克村，共包括三个地点。

1984年全国第二次文物普查之际，呼伦贝尔盟文物站及海拉尔市文物管理所在文物普查中，对哈克遗址进行过多次调查。1985年，呼伦贝尔盟文物管理站在哈克乡北约3公里的"团结村一五窑" 海拉尔河左岸台地上，发现一些细石器和少量陶片，此处为哈克遗址第一地点。海拉尔河在此从东南流向北，绕过遗址又流向西，遗址呈东西走向。

1986年春，呼伦贝尔盟文物管理站在团结村小学校东南约1公里风蚀沙坑中，发现一处以细石器为主要随葬品的古墓葬。该墓遭风蚀破坏，人的肢骨大多散失，头骨埋在距地表深约30厘米的沙土中，保存尚好，根据头骨特征推测墓主人为男性。在人骨附近采集到双刃骨刀柄和石镞、石刃、石刀等近百件细石器以及破碎陶片等，此处定为哈克遗址第二地点。

1999年8月10日，哈克乡团结村村民在耕地时发现石器。呼伦贝尔民族博物馆到现场调查并做了抢救性调查清理，在5米×5米的探方内出土了两个残碎陶罐，

一件玉器，数十件细石器和部分人骨残块，这里被确定为哈克遗址第三地点。同年10月21日，中国社会科学院考古研究所内蒙古考古队与呼伦贝尔民族博物馆业务人员到这里调查，采集20多件细石器、玉器和陶片，并在地层中清理出一件玉锛。从采集到的陶片中，首次发现了彩陶残片。遗物多出自耕土层中，集中分布在5米×10米的范围内。根据采集到的人骨分析，该遗址当为一处墓葬。

2001年9月，呼伦贝尔民族博物馆对哈克遗址第一地点进行了第一次试掘。出土大量文化遗物，有石器和细石器89件，陶片27件以及许多的动物骨骼。此外，这次试掘，对遗址的地层关系有了初步了解。赵越先生撰文《论哈克文化》，将该类遗址命名为"哈克文化"。

2003年8～9月，中国社会科学院考古

哈克遗址第一地点

发掘探方

墓葬

研究所史前研究室和边疆考古研究中心合作，组建了"中国细石器研究"课题组，在地方文物考古单位的支持和配合下，对哈克遗址第一地点进行了第二次试掘，为期8天，试掘面积2米×9米。出土文化遗物2154件，包括以细石器为主的石制品

1085件，骨角制品13件，陶片514片，穿孔装饰品2件，动物骨骼540件。试掘出土文化遗迹3处，有墓葬1座，灰坑2个。经北京大学考古文博学院科技考古与文物保护实验室，对哈克遗址文化层底部动物骨骼进行加速器质谱（AMS）^{14}C测试，年

玉锛　　　　　　玉斧

玉璧

石刃

代距今7015±40年。哈克遗址地层清楚，遗物保存完好，属于原地埋藏类型。通过多年来不断调查和试掘的结果来看，遗址的分布面积相当大，文化内涵也相当丰富。

2004年7～9月，中国社会科学院考古研究所、呼伦贝尔民族博物馆、海拉尔区文物所对哈克遗址第一地点进行了为期62天的正式发掘，共清理文化遗迹21处。其中包括房址、墓葬、灰坑、蚌堆和残灶坑等，出土文化遗物11000多件，有大量制作精美的细石器、骨角器、陶片和装饰品以及大型哺乳动物和水生动物的遗骨等。分析认为，该遗址应是一处相对稳定并具有一定规模的聚落遗址。2010年，在此处建立遗址博物馆。

哈克遗址面积约10平方公里，文化内涵深厚，出土遗物以精美玉器、细石器、骨器、陶器等为代表，是呼伦贝尔草原地区难得的一处早期先民遗留下来的新石器时代聚落遗址。时代为距今7000年左右。哈克遗址对研究北方草原地区早期文化以及与周边地区的文化关系，具有极其重要的学术价值。

⫼ 8 ⫼ 陈巴尔虎旗东乌珠尔细石器遗址

撰稿：赵艳芳
摄影：庞雷

陈巴尔虎旗重点文物保护单位。

位于陈巴尔虎旗东乌珠尔苏木巴彦乌拉嘎查，海拉尔河北岸的二级台地上。隔河与完工车站相望，南距东乌珠尔苏木所在地500米。

遗址东为居民区，西为水泡子，北、南面为草场。1985年7月，内蒙古陈巴尔虎旗东风渔场取土时发现一座墓葬，呼伦贝尔文物站组织人员对墓葬进行了调查清理。该墓破坏严重，墓室情况不明，人骨凌乱，方向大致为东西向。随葬品极为丰富，出土细石器、骨器等文物共270余件，未发现任何陶制品。细石器中石镞最多，共存148件，分六处随葬在死者的周围。其他还有石刃、石钻、尖状器等。骨器类有骨刀柄、骨刀、骨锥、骨矛、两端尖状骨器、骨片等。此外还有一件石网坠、一件沸石工具、一件玉璧、七件钻孔牙饰、三件猪牙和赤铁石上、铅块等随葬品。出土遗物中，石镞是代表性器物，不仅数量占全部出土器物总数的一半以上，而且特点也最为突出，全部为三角凹底形，所以此墓亦被称为"石镞墓"。

东乌珠尔细石器墓的发现，是呼伦贝尔地区新石器时代重要的发现之一。就目

前所知，仅在一个墓葬中出土如此众多精美的石镞等细石器，在呼伦贝尔地区乃至全国亦属仅见。该墓葬细石器之丰富，加工之精细，表明呼伦贝尔地区新石器时代，在继承细石器工艺传统的同时，逐步将加工制作细石器工艺技术发展到十分完美的程度。1985年12月，中国科学院古脊椎与古人类研究所对墓中出土的人骨进行了^{14}C测定，年代距今3900±80年。东乌珠尔细石器墓属于新石器时代中晚期的遗存。

东乌珠尔细石器墓随葬品清楚地反映了当时经济形态和文化生活，虽然处于渔猎经济，但狩猎中广泛使用弓箭，并有捕鱼工具，在日常生活中，玉璧、牙饰、彩绘用品等已出现。其考古学文化类型属于哈克文化范畴。

全景

两端尖状骨器

石刃骨刀

石镞

石钻

石矛

玉璧

石斧

⫼ 9 ⫼ 呼伦贝尔市大兴安岭岩画

撰稿：赵艳芳　宋宝峰

摄影：宋宝峰

鄂伦春自治旗重点文物保护单位。

分布在呼伦贝尔市大兴安岭北麓原始森林中，主要集中在鄂伦春旗、额尔古纳市境内。共发现15处岩画。

1974年、1975年，黑龙江省文物考古研究所赵振才同志，在敖鲁古雅民族乡鄂温克猎民的指引下，曾先后在大兴安岭原始森林猎场发现两处岩画：交唠呵道岩画、阿娘尼河岩画。

2007年7月和2008年1月，内蒙古鄂伦春旗先后发现两处彩绘岩画，一处位于托河镇的神指峰，另一处位于阿里河镇的伊龙山。随后我国著名岩画专家束锡红等一批专家学者来到鄂伦春旗对岩画进行考察。专家组通过对岩画的内容、绘画技法、遗存痕迹等多方面分析，认为鄂伦春旗岩画是罕见的中国北方最早的彩绘岩画。

第三次全国文物普查期间，文物工作者通过走访调查，在大兴安岭密林深处，陆续发现了多处彩绘岩画遗址，遗址的发现，填补了呼伦贝尔市文物考古的空白，也引起了国内外专家学者的极大兴趣。目前为止，共发现岩画地点15处，其中额尔古纳市有交唠呵道彩绘岩画、阿娘尼河彩

绘岩画Ⅰ、阿娘尼河彩绘岩画Ⅱ、黑山头鸽子洞彩绘岩画等4处，鄂伦春自治旗有麒麟山彩绘岩画、伊龙山彩绘岩画、小二红彩绘岩画、神指峰彩绘岩画、双峰山彩绘岩画、嘎仙洞彩绘岩画、野猪岭彩绘岩画、嘎仙洞遗址彩绘岩画、库勒气彩绘岩画、吉库石林彩绘岩画等10处，根河市有鹿鸣山彩绘岩画1处。每处岩画遗址少则一两个地点，多则十余个地点。

从岩画的选址看，这15处岩画都选在河边有水的地方。岩画均绘制在突兀的岩石上面，绘就岩画的岩石平面不加人工雕琢，均较为平整。

岩画为红色赭石绘就。内容多为动物、狩猎、娱乐场面，图案以"人物"和"符号"为主，反映了远古时期大兴安岭

阿娘尼河岩画

麒麟山彩绘岩画

阿娘尼河岩画

生存的古人类生产生活场景。这些岩画不仅是古人类在长期实践活动中创造的珍贵艺术珍品，而且能折射出远古人类的游猎文化的精神面貌。

原始猎人是崇拜萨满的，认为山、水都是保佑他们狩猎的神灵，因而在岩画地点的选择上都是河流附近突兀的石砬子。对祖先的崇拜，致使岩画内容上往往绘有人物。狩猎场景的再现就是他们生活的写照。这些岩画所遗留的信息，表达了当时社会生活的一个侧面，是生活在大兴安岭北部远古猎人的社会心理的直观反映。据调查，清代晚期，鄂伦春人和鄂温克人使鹿部落才进入这一带，当时他们就已发现这些岩画，显然不是他们所为，而且现存的岩画自身的保存现状也反映出岩画的原始性。岩画内容多有驯鹿，这一带生长着苔藓，正是驯鹿的食物，早在一千年前，这里就生活着与驯鹿饲养有关的人群，如汉代的拓跋鲜卑人就与鹿有不解之缘，其墓葬中出土的三鹿纹饰牌就是驯鹿的形象，隋唐时期室韦人中也有使鹿部，所以可以判断这些遗迹的时代至少为唐代以前。有专家认为大兴安岭彩绘岩画为新石器时代，距今4000年以上。如此，可以认为大兴安岭岩画产生的年代可能有先有后，绘画群体也不尽相同。

黑山头鸽子洞

猎民祭祀神山

青铜时代

呼伦贝尔青铜时代遗址主要体现在草原上分布的大量石板墓群。据统计，该类遗址有五十余处，单体墓葬千余座，主要分布在呼伦湖、克鲁伦河、海拉尔河、额尔古纳河一带。它们多数坐落在依山傍水的朝阳坡地，分布较为密集。有的墓群分为两个或三个区，每个墓区中的墓葬较集中，少则七八座，多则上百座。

石板墓基本结构是，大多数墓的平面近似长方形，墓葬都以石板为葬具，地面有积石堆，积石堆四周竖立有石板，竖立的石板围成长方形的框，部分墓的石板框的四角石板高于四个侧边的石板。由于石板高出地面，因此该类墓葬容易暴露，也较易被发现。该类墓群，一般在每个墓区边缘都直立一块长方形石标，俗称"鹿石"。经过以往的对被破坏墓葬清理发现，墓葬随葬器物普遍较少。

呼伦贝尔地区石板墓与苏联外贝加尔地区和蒙古国东部一带较相近，而且在墓葬结构上也几乎一样，因而推断，考古年代上也应与之相同，为青铜时代——早期铁器时代。但是由于以往对石板墓所做工作较少，对其文化内涵以及墓葬本身特征、葬制及具体年代等问题，尤其是石板墓本身的分期问题还不能全面了解，有待于进一步发掘和研究。

‖10‖ 新巴尔虎右旗哈乌拉墓群

撰稿：赵艳芳　田凤东
摄影：田凤东

内蒙古自治区重点文物保护单位。

位于新巴尔虎右旗呼伦镇呼伦诺尔嘎查，西北距离呼伦镇12.3公里。

1975年黑龙江省博物馆考古队和哈尔滨师范学院历史系联合成立的文物普查队进行文物调查时发现。

哈乌拉墓群面积约1万平方米，有近百座石板墓，分东、西两个墓区。东墓区位于哈乌拉山的东北部，西墓区在哈乌拉山的西南坡上，两者相距600米。东墓区范围较大，南北长约145、东西宽近50米，有石板墓85座，大体呈狭长形排列。墓区东北约5米处，直立一块长方形"鹿石"，高0.9、宽0.35米。西墓区较小，有石板墓21座，其东4米以外立也有两块长方形素面鹿石。

墓葬分布密集，排列有序，似有一定的规律性。东墓区85座墓葬基本上为南北

墓群局部

近景

单座墓葬

排列；西墓区墓葬较少，相互间疏远，排列不甚规整。东西墓区均未见叠压打破关系，且南北成行分组排列，表明当时墓地布局有着一定规律，因而可判断这是一处规模较大的氏族、部落公共墓地。大多数墓葬的平面近似长方形，个别也有正方形、梯形或平行四边形等，均以石板为葬具，石板上端皆高出地表。其建筑方法和结构特点是先挖出长方形竖穴土坑，并在墓坑中置设一个类似二层台的建筑，沿二层台上的墓穴四周，紧靠穴壁以竖立的天然石板或大石块砌筑成一定形状的石垣，然后在石板外的二层台上再填以碎石块加固。调查时试掘了四座墓葬，出土遗物很少，仅有零星人骨，另外出土有1件夹砂黄褐陶罐，从其残存程度看，应为平底罐，平唇，敞口，短领，口沿外饰粗齿状花纹，器身素面，口径14厘米。另外出土有磨光石珠饰、长方形蚌刀各一件。哈乌拉石板墓应属青铜时代到早期铁器时代遗存，由于墓群墓葬较多，说明时间延续较长，在埋葬年代上当有早晚之别。

||| 11 ||| 新巴尔虎右旗额尔敦山墓群

撰稿：赵艳芳　那仁其其格
摄影：田凤东

单座墓葬

新巴尔虎右旗重点文物保护单位。

位于新巴尔虎右旗阿拉坦额莫勒镇那日图嘎查，东南距阿拉坦额莫勒镇16.4公里。墓群分布在额尔敦山南坡，西侧即为克鲁伦河。

额尔敦山墓群可划分为三个墓区，主要分布在额尔敦山的山顶、山腰和山脚下，共发现石板墓21座，面积约1.2万平方米。山顶上墓葬多为小型石板墓；山腰多为大型墓，其中有三座较大墓葬；山脚下墓葬亦多为大墓，其中一座大墓东侧有两块并排竖立的素面鹿石。墓葬由东向西排列，方向皆为东西向。墓框周围均竖立大石板或大石块，四角各立一块较高的角石。墓葬均为长方形土坑竖穴石板墓，最大石板墓长7、宽4米，一般墓长4、宽3米。

额尔敦山墓群是青铜时代到早期铁器时代文化遗存。

单座墓葬

撰稿：赵艳芳　吴玉明

摄影：田凤东

新巴尔虎右旗重点文物保护单位。

位于新巴尔虎右旗阿日哈沙特镇阿敦础鲁苏木阿敦础鲁嘎查，距离原阿敦础鲁苏木西北8.6公里处。

第二次全国文物普查时发现该遗址。石板墓在呼伦贝尔辽阔的草原上有大量的发现。这类石板墓群主要分布在呼伦湖、

克鲁伦河、海拉尔河、额尔古纳河一带。它们多数坐落在依山傍水的朝阳坡地，分布较为密集。

阿敦础鲁墓群坐落于克鲁伦河西岸，共发现石板墓4座。墓葬由北向南排列，每两座墓中间相隔一段距离。墓向大致为东西向，墓为长方形土坑竖穴，墓周石板

全景

单座墓葬

垒砌。大墓长8.5、宽5米，小墓长4.5、宽3.5米。最大石板墓东侧18米处立一素面鹿石，高0.6、宽0.45、厚0.12米。墓穴四壁立石板或石块，其上端都露出地面，四角所立石板较高，较之四壁突出。

这类石板墓在毗邻的俄罗斯外贝加尔地区有较广泛分布，是这里森林草原地带所流行的一种墓葬形式。另外，在蒙古人民共和国境内的克鲁伦河流域，也发现有许多同类石板墓，是蒙古国东部地区最典型的遗存。克鲁伦河沿岸的发掘表明，其基本特点是以石板为葬具，随葬品以常见于我国北方的陶鬲和柄部饰动物纹的铜刀为典型。时间为青铜时代-早期铁器时代。阿敦础鲁石板墓地不仅在地域和生态环境上，同俄罗斯外贝加尔地区和蒙古国东部一带较相近，而且在墓葬结构上也几乎一样。因而推断，阿敦础鲁石板墓在考古年代上也应为青铜时代-早期铁器时代。

关于石板墓的族属问题，俄罗斯外贝加尔地区和蒙古东部地区的墓中出土的人骨经鉴定，具有明显的蒙古人种特征，其古民族属性现有古突厥、古匈奴、古蒙古等几种说法。

‖13‖ 新巴尔虎右旗德乌拉墓群

撰稿：赵艳芳　田凤东
摄影：田凤东

新巴尔虎右旗重点文物保护单位。

位于新巴尔虎右旗呼伦镇达石莫格嘎查，西北距离呼伦镇所在地5.4公里，墓群分布在德乌拉山上。1978年，呼伦贝尔盟文物管理站米文平陪同裴文中调查时发现。

德乌拉墓群分为东、西两个墓区，位于德乌拉山的东西半山腰的缓坡地带。东墓区发现石板墓35座，面积3万余平方米，皆为小型墓葬，长约3、宽约2米，墓向东西向；西墓区石板墓60座，面积近2万平方米，墓葬由北向南排列，墓向亦为

东墓区全景

东西向。东西两座墓群墓葬有长方形、方形、梯形三种形式，皆为土坑竖穴石板墓，最大石板墓长7、宽3.5米，所立石板大者有1米多高。此墓东13米处有一墓碑，高0.8、宽0.5、厚0.15米，无任何文字或纹饰等刻凿痕迹。

德乌拉山南坡有一条500多米长裸露的石砬子，高约5米，是由层理分明的片麻岩所构成，状若一条砖墙。墓群石板皆就地取材，两片墓区就分布在石砬子的东西两面。

德乌拉墓群应是青铜时代到早期铁器时代的重要文化遗存。

‖14‖ 陈巴尔虎旗八大关墓群

撰稿：赵艳芳　巴拉全

摄影：孟和

陈巴尔虎旗重点文物保护单位。

位于陈巴尔虎旗巴彦库仁镇巴彦哈达嘎查，八大关派出所西5公里处，额尔古纳河由其西部自南向北流过，东、西、南三面为山丘，北为边防公路，地表为草原植被所覆盖。

该墓地共发现墓葬五座，总面积283平方米。墓葬均为长方形，墓向东西向，西面四座墓葬，每两座相邻，中间两座有1.5米宽的墓道，墓长6、宽5米。墓葬边缘均有大块石板立砌，最大石板长1.3米左右。四座墓正东侧有三块素面鹿石，呈南北向一字排开，高约40厘米。此外在东北方向还分布有一座墓葬，距其余四座墓

远景

葬直线距离15米。在该墓葬处发现一块人
下颌骨及少量石叶。

　　八大关墓群保存较完整，整体分布
有序，墓圹砌筑的石板比较大，气势宏
伟，是呼伦贝尔石板墓中的典型代表，
具有很高的考古研究价值。其年代应为
青铜时代。

墓葬局部

汉代魏晋时期

对汉代魏晋时期的考古，使呼伦贝尔考古事业取得丰硕成果。以1980年在大兴安岭北段东麓嘎仙洞中发现北魏太平真君四年祭祀的祝文石刻为代表，成功解决了拓跋鲜卑起源地的千古之谜，成为当时震惊世界的重大考古发现。同时，这个可靠的地理坐标，使得一些原始典籍中记载的大鲜卑山、大泽、乌洛侯、地豆于、难水、室韦等地理位置迎刃而解。

20世纪60年代发现的扎赉诺尔古墓群，是这一时期考古的另一大亮点，其独特的文化内涵一经发现就引起了学界的关注，一些考古大家纷纷发表观点，推断属拓跋鲜卑遗迹，从此确立了拓跋鲜卑考古学文化的标尺。此后，在呼伦贝尔草原上又发现有完工、拉布达林、七卡、团结、伊敏车站和孟根楚鲁古墓群等。

拓跋鲜卑遗迹在呼伦贝尔地区除了嘎仙洞遗址外，其余全部为墓葬群，目前已发现这一时期遗址30处。

⫼15⫼ 鄂伦春自治旗嘎仙洞遗址

撰稿：长海
摄影：庞雷

全国重点文物保护单位。

位于鄂伦春自治旗阿里河镇西北10公里，地处大兴安岭北段顶峰之东麓，属于嫩江支流甘河的北岸。这一带林海苍茫，峰峦层叠，古木参天，松桦蔽日。在离地面25米的半山腰中高悬着一个硕大的山洞，这就是被《魏书》称为"拓跋鲜卑旧墟石室"或"石室"、"石庙"——嘎仙洞。

关于拓跋鲜卑旧墟石室，最早见于《魏书》。但是石室位置究在何处？原来史学界的中外学者虽屡有考证，但一直诸说纷纭，争论不休。《呼伦贝尔志略》一书认为，呼伦贝尔西北一带有"魏先帝石室"。20世纪30年代，日本人白鸟库吉在《东胡民族考》一书中提出，"乌洛候西

远景

北部之拓氏先祖之石室，亦必在嫩江流域之中，而当在兴安岭之近旁"。20世纪60年代，马长寿的专著《乌桓与鲜卑》一书认为："乌洛候在今黑龙江省之嫩江流域甚明。嫩江流域的西北为额尔古纳河，魏之祖先的石室当在二河的大兴安岭山脉之内。"原呼伦贝尔盟文物站站长米文平等学者多次实地考查，1980年终在嘎仙洞内发现北魏太平真君四年"祝文"刻辞。与《魏书》记载乌洛侯国遣使"称其国西北有国家先帝旧墟，石室南北九十步，东西四十步，高七十尺"，北魏太武帝拓跋焘派中书侍郎李敞去祭祀，并"刊祝文于室之壁而还"基本相符。

洞口

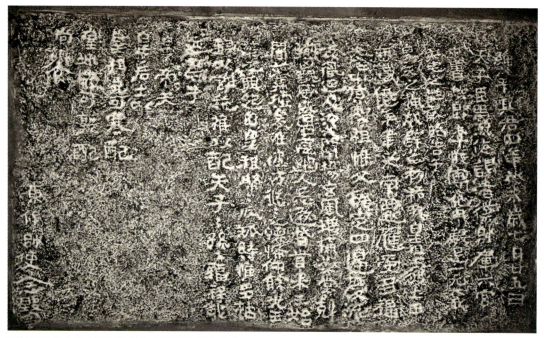

嘎仙洞西壁北魏太平真君四年（443年）祝文拓片

嘎仙洞本为天然花岗岩山洞。洞口略呈三角形，宽约20、高12米，方向朝南偏西30°。洞深南北长92、东西宽27～28米，穹顶高达20余米。宏伟如大厅，面积约2000平方米，可容纳千人。洞内大部分地面较为平坦，可分为前厅、大厅、高厅、后厅四个部分，洞内地势也随之而逐渐抬高。前厅西侧距洞口15米的石壁上，刻有太平真君四年"祝文"刻辞。石刻高度距地面约1.5、通高0.7、宽1.2米。刻辞为竖行，共19行，全文共201字。刻文为汉字魏书，隶意犹浓。石刻祝文的发现确凿地证实了嘎仙洞，即鲜卑族祖先居住的旧墟石室。

嘎仙洞洞内堆积有较厚的文化层。在距地表0.8米深的黑色黏沙土层中，出土很多手制夹砂灰褐陶片，还有石器、骨器；在地表下1.3米黄色黏砂土层中，出土有打制石器，表明这里可能存在着更早

的文化遗存。

鲜卑石室的"祝文"是1500多年前保留下来的"原始档案"，是有确切纪年并见于文献记载的重要古代北方民族遗迹。北魏"旧墟"的发现，不仅结束了历史学界长期以来对拓跋鲜卑发源地和大鲜卑山方位的争论，而且对补典籍之缺，订史传之非，进一步研究我国北方民族的历史、文化、地理等，具有重大的历史价值。

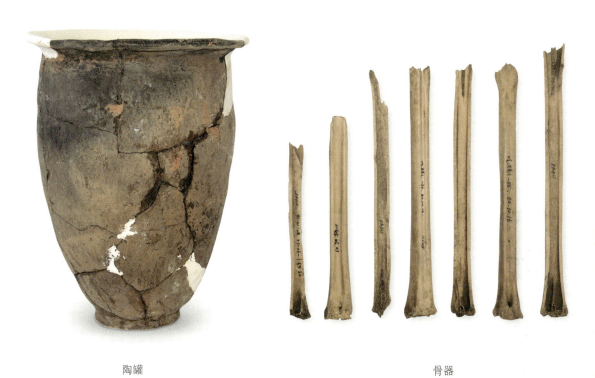

陶罐   骨器

洞口（内—外）   洞内高厅石桌

⫼16⫼ 额尔古纳市拉布达林鲜卑墓群

撰稿：白志强　包洪涛
摄影：庞雷

内蒙古自治区重点文物保护单位。

位于额尔古纳市拉布达林镇小西山东坡，南距海拉尔区约120公里。墓群坐落在额尔古纳河支流根河南岸，根河由东北方向流至山脚下，折向西北绕山而过，其南侧有金界壕由东向西逶迤而行。

1987年，呼伦贝尔盟文物站对拉布达林墓群进行了两次调查并清理墓葬3座。1992年，内蒙古自治区文物考古研究所再次对墓群进行了发掘，清理墓葬24座。

该墓群排列有序，方向一致，应是有组织的氏族部落墓地。墓葬均为土坑竖穴墓，一般呈前宽后窄的梯形，部分有二层台。一般长约2、宽为0.7～1.2、深2～3米不等。多数为单人葬，个别有成人合葬

全景

骨锥管

或成人与儿童合葬。葬式多为仰身直肢葬，仅见一例屈肢者；头向北或略偏西北或东北。葬具一般为木棺或桦树皮棺，部分木棺，有盖无底，也有在二层台下铺木棚或盖石板者。殉葬动物肢体较普遍，其部分墓出土了牛、羊、马的头骨和蹄骨，墓均见牛头骨，其他则或有或无，有些墓葬虽未见动物头骨，但往往发现蹄骨。除了牛、羊、马以外，还有野猪、狍、鹿等野生动物的蹄骨。

墓葬出土器物包括陶器、桦皮器、骨器、铜器、铁器、珠饰、金耳饰、石器等。陶器均为手制夹砂敞口罐，火候较差，个别有轮制泥质陶。器形主要有罐，还有壶、碗、尊等。桦皮器有罐、筒、箭囊、人形饰和冥器。骨器数量最多，以骨镞、弓弭为主，也有钻孔骨片、顶端钻孔的喇叭状角饰。铜器除了铃、泡、环镯等饰物外，还发现了中原铜镜和"大泉五十"铜钱。铁器以甲片为大宗，其他还有棺钉、环、镞、刀等。金器均为金丝盘成环形或螺旋形耳饰。石器有压制棱形石镞。另外出土少量的珠饰。

拉布达林墓群，无论从埋葬形式上，

金耳饰

陶杯

还是文化面貌上都与嘎仙洞和扎赉诺尔墓群非常相似，属于相同的文化遗存。经^{14}C测定，该墓群距今1770±50年，应为汉代中晚期。

‖17‖ 额尔古纳市七卡古墓群

撰稿：殷焕良 白志强
摄影：庞雷

内蒙古自治区重点文物保护单位。

位于拉布达林镇西北约80公里处，七卡生产队西200米的山南坡上，西距额尔古纳河约1公里。该墓群背倚大山，西临额尔古纳河，南则是一片较大的开阔地。

墓葬分布面积为东西长约400、南北宽约70米，由于当地群众长年在此地取土发现。1988年、1990年，内蒙古自治区文物考古研究所、呼伦贝尔文物管理站、额尔古纳市文物所联合对其中已破坏的墓葬进行抢救清理，共清理墓葬5座。

墓葬均为长方形土坑竖穴墓，深度约1米，无葬具，单人仰身直肢葬，头向正西。墓圹形制前宽后窄，墓坑下半部填土、上半部填石块。殉葬有动物肢体。随葬品中，陶器有罐、杯等；骨器有镞、扣、坠、鸣镝；铁器有马衔、带扣、刀；铜器有耳环；桦皮器有器皿底盖等。

该墓群的葬式、器物组合及随葬品的摆放位置，与呼伦贝尔其他地区发现的鲜卑墓葬大体一致。因此推断七卡墓群应是东汉时期鲜卑遗存。

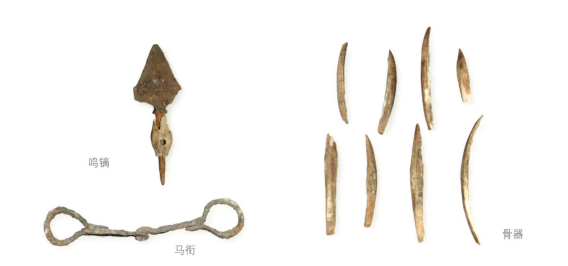

鸣镝

马衔

骨器

全景（南一北）

⫼18⫼ 满洲里市扎赉诺尔墓群

撰稿：长海　殷焕良
摄影：庞雷　孔群

全国重点文物保护单位。

位于满洲里市扎赉诺尔区南7.5公里处。墓群坐落于木图那雅河(当地俗称圈河)东岸的二级台地上，西北为起伏的丘陵，东南和南部是一望无际的草原。木图那雅河的上游为呼伦湖，其下游与海拉尔河汇合后流入额尔古纳河。

1959年，在治理圈河水利工程中发现一大批古墓。内蒙古文物工作队、呼伦贝尔盟文物站通过实地钻探调查，在沿圈河台地边缘长2000、宽200米的范围内，发现了300余座墓葬。1959～1994年期间，内蒙古文物工作队、呼伦贝尔盟文物站，先后对该墓群进行了五次调查发掘，共清理墓葬52座。

墓穴均为长方形土坑竖穴式，一般长约2、宽0.5～1、深1～3米不等。葬具有桦木棺和桦皮棺。桦木棺形制基本相同，为前宽后窄的梯形；大多数有盖无底，少数有盖有底。桦皮棺较少，以桦树皮做棺板。单人葬居多数，个别有双人葬、母子合葬及小孩墓。葬式皆为仰身直肢，头向北或北偏西，个别也有北偏东的。以牛、马、羊的头、蹄殉葬，多置于人头部前面，个别也有在棺盖上摆放的。

各墓中出土遗物以陶器、骨器、桦皮器为主，铜器、铁器等金属器较少见。陶器一般置于人骨的头前或头部两侧，器类以大口的罐类为主，基本为手制夹砂可烧煮的饮具，单独作为容器使用的小口陶壶很少见，也有极个别的轮制泥质陶器。扎赉诺尔墓群出土陶器的典型特征是器形小，大敞口，短颈，长鼓腹，平底或高圈足；素面无纹，个别陶器的口沿下或肩部有凸弦纹和指甲印纹。金属器以双耳铜鍑、飞马纹铜饰牌、三鹿纹金饰牌等最具特色。铁器以实用工具为主，如铁刀、铁矛、铁箭头、铁马衔等。骨器以骨箭头为主，其他还有弓弭、马衔、骨板、羊距骨等。桦皮器有弓囊、箭袋、罐、圆牌等。玉器有嵌松石煤晶饰牌、串珠等。这些遗物反映了当时呼伦湖周边地区游牧、狩猎民族的经济生活面貌。另外，随葬品当中

远景

三鹿纹金饰牌

双耳陶罐

双耳平底铜鍑

骨箭头

铜鎏金飞马纹饰牌

弓弭

嵌松石煤晶饰牌

有汉代中原地区的规矩纹铜镜和"如意"纹织锦等遗物，说明了与中原文化的密切联系。

关于扎赉诺尔墓群的年代及族属，1961年发掘整理者郑隆的意见是"应属于东汉末鲜卑族的一支"。同时，黄展岳提出另一种意见，认为"属于较典型的匈奴文化遗物"。1964年，安志敏认为"还没有足够的证据得出属于鲜卑人的论点，也不能肯定属于匈奴人"。1977年，宿白推测扎赉诺尔墓群"大约是拓跋祖先推寅（宣帝）'南迁大泽方千余里，厥土昏莫沮洳'前后的遗迹"。1979年，李逸友进一步论证扎赉诺尔古墓为东汉时期的拓跋鲜卑遗迹。此后，宿、李的观点为人普遍接受。综合前人研究的成果，结合扎赉诺尔墓群出土的几件典型中原汉代器物可以断定，该墓群应属于东汉中晚期。

⫶19⫶ 陈巴尔虎旗东乌珠尔墓群

撰稿：长海
摄影：庞雷

内蒙古自治区重点文物保护单位。

位于陈巴尔虎旗东乌珠尔苏木查干诺尔嘎查东，乌珠尔东南7公里，海拉尔河右岸台地上。

2003年呼伦贝尔民族博物馆的工作人员对东乌珠尔古墓群进行了抢救性清理，共清理墓葬8座。

墓葬均为土坑竖穴墓，大多数有木质葬具，即木棺。木棺形制基本相同，为前宽后窄状；大多数有盖无底，少数有盖有底；单人葬居多。死者皆为仰身直肢，头向北或北偏西，有殉牲现象，大多为牛、马、羊头蹄，多置于死者头前。各墓中出土遗物的位置也较一致，陶器一般置于死者的头顶或头两侧。出土器物以陶器为主，铜、铁、木器较少见。陶器以大口罐类为主，基本为手制夹砂，可做烧煮的炊具，单独作为容器使用的小口陶壶很少见。陶器器形小，大敞口，短颈，长鼓腹，平底或高圈足，多数素面无纹，个别陶器的口沿下或肩部有凸弦纹和指甲纹。

据东乌珠尔古墓群埋葬形式和出土遗物，判断其时代属于东汉时期鲜卑墓葬。

陶罐　　　　　　　　陶罐　　　　　　　　陶罐

远景

⫼20⫼ 海拉尔区团结墓地

撰稿：白志强　包洪涛

摄影：庞雷

全国重点文物保护单位。

位于呼伦贝尔市海拉尔区哈克镇团结村西500米的平地上，西距海拉尔市区约20公里，北距海拉尔河约1公里，南距301国道约2公里。墓群周边为平坦开阔的草原。

2001年，呼伦贝尔市民族博物馆、海拉尔区文管所等对该墓地进行抢救性清理，共清理墓葬7座，另采集到陶器5件。墓葬均为土坑竖穴墓，无葬具，墓室平面呈长方形，一般长度在2～2.3米之间，宽度前后基本相同，在0.58～0.8

米之间。墓向西北。均为单人葬，多仰身直肢，仅一座为仰身屈肢。随葬品均为生活用品和装饰品，且比较单一，以陶器为

陶罐

主，部分墓葬中出有铁镞。陶器共出土10件，仅有罐一类，均为手制夹砂黑褐色，制作比较粗糙，陶制疏松，火候偏低，烟炱厚重，应为炊煮器。出土还有一件铜耳饰和三件珠饰等。殉牲现象比较普遍，为马、牛、羊的头骨和牛蹄骨，一般放置于人头顶的二层台上。

关于墓地的年代与性质问题，诸多学者认为，团结墓地墓制和文化内涵与扎赉诺尔古墓群、拉布达林古墓群、伊敏河墓群有许多相似之处，应为拓跋鲜卑走出大兴安岭南迁时留下的遗存，年代约东汉时期。

陶罐

远景

隋唐时期

隋唐时期的遗存，在呼伦贝尔地区发现约10处。从地域上可分为两大类，一类是分布在额尔古纳河畔的大兴安岭深山密林中，此类遗址有奇乾、岭后、十八里聚落遗址和黄火地、上央格气祭祀遗址等；另一类则是分布在呼伦贝尔草原上，在呼伦湖和海拉尔河之间草原丘陵地带发现有西乌珠尔、谢尔塔拉、完工岗嘎墓葬群等。

隋唐时期考古，主要是针对室韦考古学文化的研究，在呼伦贝尔虽然开展较早，但进展一直不大。奇乾、岭后、十八里聚落遗址目前仅限于调查，没有进一步工作；黄火地祭祀遗址的时代判断也仅限于推论，目前还没有找到断代以及判明遗址性质的可信物证；西乌珠尔、谢尔塔拉墓地虽经过若干次清理发掘，但限于资料的孤立和匮乏，仍有许多问题没有解决。目前，国家社科基金项目——为期10年的"蒙古族源与元朝帝陵综合研究"已于2012年启动，将会对这一时期的考古学文化有一个全面的疏理。

⫼21⫼ 额尔古纳市奇乾遗址

撰稿：长海　哈达
摄影：马健

内蒙古自治区重点文物保护单位。

位于额尔古纳市莫尔道嘎镇奇乾村东北1公里。地处于大兴安岭北端西麓，额尔古纳河下游东岸，隔河与俄罗斯相望，

其北约1公里为阿巴河。遗址坐落在小孤山东南坡上，西、北两面为陡崖，阿巴河在陡崖下绕山而过，向西南一公里注入额尔古纳河。遗址东南为长满松桦的次生

远景

林，其南为额尔古纳河的二级台地。

遗址东西长270、南北宽70米，占地面积约1.8万平方米。自山顶至半山腰，分布有53座呈圆形半地穴式房址，大体可分为五排，排列较规整。自山顶往下，第一排数量最多，有17个坑穴，基本都在一条线上，第二排和第三排分布不甚整齐，第四、第五排分布较为规整。这些圆形半地穴式房址口部直径2～10、深0.5～0.8米，基本保存较好，少数几处曾经遭到破坏。

经过对第五号坑穴房址的局部清理调

奇乾遗址的三个遗址穴

奇乾遗址坑穴排列

查，坑内发现有陶片、兽骨等遗物。其中骨锥1件，为野兽的肢骨磨制而成，尖部微残，长10.5厘米；陶片100多片，均为手制，仅两片为泥质陶片，陶色分为红褐、灰褐两种，以红褐陶居多，纹饰多为素面，有的有压印网格纹、压印宽带纹

组成的图案，个别陶片的肩部凸弦纹上饰指甲印纹。从出土残陶片看，陶器口沿均微敞，基本为尖唇，鼓腹较大，平底。根据分析，此外，还出土有木炭和马牙、肋骨、腿骨等马的骨骼。

从奇乾遗址的面貌和出土陶器等判断，这里应是一处较为大型的村落遗址，具有浓厚的原始狩猎经济文化面貌。经对五号坑穴中出土的木炭进行^{14}C测定，其年代距今910±75年，应属唐至辽金时期。

║22║ 额尔古纳市岭后遗址

撰稿：殷焕良　哈达
摄影：哈达

内蒙古自治区重点文物保护单位。

位于额尔古纳市莫尔道嘎镇奇乾村南约20公里，地处于激流河汇入额尔古纳河河口东约5公里处的激流河南岸。此处山峰林立，森林密布，遗址被松桦林覆盖。

1990年6月，由内蒙古自治区文物考古研究所、呼伦贝尔盟文化处、文物管理站及额尔古纳右旗文化局、文物管理所等单位组成联合文物普查队，在额尔古纳河下游东岸的奇乾至恩和哈达沿河地区文物普查时，对该遗址进行过实地调查。

遗址坐落在山顶之上，平面呈半圆形，周长约300米，面积为近5000平方米。遗址内分布有56处圆形穴居土坑址，

远景

穴居坑址

穴居址

自东南向西南排列，大体上可分为七排，间距2至10米。最大直径为约7.5、深约1.5米，最小的直径2.5、深约0.5米。遗址东南侧有一道土墙，长100米，分为南北两段，中间为通道。墙基宽约0.8、顶宽约2米，墙外有壕沟，深近1米。南、西面为山崖，坡度70度左右。北面临激流河，坡度为80度以上。

经过对第四排11号坑穴的试掘，出土陶片均为手制夹砂陶，分红褐色和灰褐色两种，器身纹饰有压印方格纹、压印网格纹、压印宽带纹组成的图案及附加堆纹。根据遗址的性质和出土器物判断，该遗址应与奇乾遗址属于同一个时期，为唐代至金元时期。

⫼23⫼ 额尔古纳市十八里遗址

撰稿：长海　哈达
摄影：马健

内蒙古自治区重点文物保护单位。

位于额尔古纳市莫尔道嘎镇奇乾村北侧8公里，地处于额尔古纳河东岸约3公里的山坡台地上。遗址南侧有一条小溪，称为十八里谷，向西流入额尔古纳河。遗址面向西南，坡度平缓，地表被松桦次生林所覆盖，面积约面积约1万平方米，保存较好。

远景

穴居址

遗址西侧和北侧有一道相连的呈直角形的土墙，顶宽1.5、高0.3米；西侧土墙长90、北侧长约29米。墙体外侧设护城壕，宽约5、深约1米。土墙内分布有58座半地穴式圆形土坑居址，直径5～7、深0.8～1.2米。经过对第9号穴居址的清理调查，坑内发现夹砂黑褐色陶片，表面磨光并饰附加堆纹，不见其他遗物。

十八里遗址与岭后、奇乾遗址相同，也是一处大型的聚落遗址，其时代属于或相当于唐代至辽金时期。

土墙

地穴

24 额尔古纳市黄火地遗址

撰稿：殷焕良　马健
摄影：马健

位于额尔古纳市莫尔道嘎镇北97公里，地处于大兴安岭森林之中，激流河在其西侧自南而北流过，遗址即处在河东岸山坡台地上。该处地貌为长满松、桦的原始次生林。

2009～2011年，中国社会科学院考古研究所和呼伦贝尔博物院联合对额尔古纳森林中的黄火地遗址进行了考古调查。

遗址南北长约280、东西宽约200米，分布面积约5万平方米。遗址内有自然石块垒砌的8条石墙和形状基本呈圆形的77座石堆遗址。石堆形状多为圆形、椭圆形、不规则形等，较分散且高低大小不一。石堆及石墙上长满杂草，并覆盖一层很厚的腐殖土。石堆大者直径为4.8～5.6、小者直径2米左右。石堆外围用巨石和大型石块垒砌，中部堆放偏小石块，或填补碎小石块。绝大多数石堆是围着树木而垒砌堆放

远景

石堆遗址

的，少量的石堆中间未见树木，多为碎石封顶，所以疏密不均，无一定规律。石堆垒砌较为规整，层次分明，多为2～5层，也有的堆放于地面之上，仅有一层。石堆中规模最大者高1米有余；小的石堆也有仅用几块石块堆砌。对石堆清理后，仅见火烧后留下的碳迹，未见其他遗物。八条石墙与石堆垒砌方法相同，有南北向、东西向或者南北向与东西向相连。

在根河市东北约35公里，上央格气林场遗址地表也发现石堆有30处。遗址的形制特点及自然、地理环境与黄火地遗址相似，规模比黄火地遗址稍小。

对黄火地遗址性质和年代，经考古学家和历史学家多次实地考察和结合历史文

石堆遗址

献资料，初步认定为古代原蒙古人祭祀活动场所，其年代应为10至12世纪。该遗址的发现，填补了额尔古纳流域的室韦考古文化遗存的空白，对于研究古代北方民族历史也具有一定意义。

黄火地全貌

撰稿：殷焕良　长海
摄影：哈达　庞雷

　　位于陈巴尔虎旗西乌珠尔苏木萨如塔拉嘎查，东距西乌珠尔苏木9公里，北0.8公里为301国道，墓地坐落于海拉尔河北岸二级台地的沙坑中，分布面积约5600平方米；沙坑由于经常有墓葬暴露于地表而被当地人称为"鬼坑"。

　　墓群位于沙坑西北侧慢坡上。早在1986年6月，呼伦贝尔市文物站就曾在此发掘出土独木棺3座。所谓独木棺，就是将原木截成所需长度，两端各留一段，中间挖成槽，作为葬具。此三座墓葬头向北偏东，仰面屈肢，随葬品有陶器、铁器、银器、铜器、骨器、木器、珠饰等近百件。陶器有罐和壶两种：罐为夹砂陶，手制；壶为泥质陶，有轮制、手制两种。铁器有镞、马镫、铁刀等。铜器大都为带饰。木

远景

铜带铐

玉石饰件

陶罐

陶瓶

器较有特色，有马鞍、弓囊、箭囊等。所出器物具有浓厚的北方游牧民族特征。

1995年，呼盟文物管理站在西乌珠尔古墓群又发现三座墓葬，随即进行了清理，三座墓葬中2号墓保存较好，为土圹竖穴墓，葬具为桦木板棺。出土随葬品有陶器、铁器、木器、皮革器物、饰品以及其他随葬品。此次清理三座墓葬与1986年西乌珠尔墓葬葬具有所不同，但葬式基本相同，随葬品在器形、纹饰上有较大的一致性。另随葬的弓囊、弓箭、马镫等器物也具有浓厚的游牧经济特点。

2007年5月，再次清理一座独木棺。发现时墓葬棺木已暴露于地表，棺木几乎未遭破坏，文化现象较清楚。从沙坑断面分析，墓底距地表2～3米，墓葬为土坑竖穴墓，方向北。棺盖塌陷，墓主人为成年男性，骨架除脸部腐烂外其余保存完好，尸骨脸部覆盖纺织物，右侧顺置桦木弓、桦皮箭囊，小腿上放置马鞍，伴有残铁器碎块出土，弓及马鞍已残，箭囊较完整。

对于墓群的族属与年代，学者们从墓地的地理位置、自然环境、葬俗等方面分析，认为西乌珠尔墓群应属唐代室韦遗存。根据出土独木棺所做的^{14}C测定，距今1315±50年，即680年左右。

‖26‖ 海拉尔区谢尔塔拉墓地

撰稿：殷焕良　长海
摄影：哈达

全国重点文物保护单位。

位于呼伦贝尔市海拉尔区谢尔塔拉镇东约5公里的台地上，西南距海拉尔市区约15公里，南距海拉尔河2公里。墓地西北侧有一隆起的山岗，东侧和东南侧地势平坦的牧场，南侧为较低的草滩地。

1997年，中国社会科学院考古研究所内蒙古工作队与呼伦贝尔民族博物馆、海拉尔区文物所联合对海拉尔区东北的古代遗址及墓葬进行调查时，发现谢尔塔拉古墓地，并抢救清理墓葬1座。1998年，上述三家联合对该墓地进行了正式发掘，揭露面积337.5平方米，清理出不同规格古墓葬9座。

从墓地的发掘资料看，墓葬分布疏朗，但排列有序。墓穴均为长方形竖穴墓，普遍使用木棺，多数为有盖无底，有盖有底和无盖无底的各有一个。单人葬居多数，也有双人葬，死者皆为侧身屈肢葬，头向朝东南，面向朝北，也有的面部及上身俯趴在墓穴内。墓主人均为成年人，多为男性。随葬品种类丰富，数量较多，有两百余件，主要分为生活用品、生产工具或武器、马具、装饰品等。生活用品多集中放置在墓主人头部周围，主要有

陶罐、壶、桦皮罐、木盘、木箸、木杯、铁盘等；生产工具或武器作为随葬品主要是矛、弓、箭、箭囊、刀等，放置于墓主人身上或身体一侧；马具仅见马鞍和马衔，均放置于墓主人头部周围；随身携带的金、银鎏金耳坠、手镯、项链；还有随葬马和羊的肩胛骨。

关于谢尔塔拉墓地的年代及属性问题上，学者们分析其墓地文化内涵、根据^{14}C

耳饰

远景

箭囊

箭杆

弓

测定年代数据和文献记载结合推测为，该
墓地年代相当于公元9至10世纪的室韦墓
葬遗存。

　　谢尔塔拉墓地与陈巴尔旗西乌珠尔墓
地在墓葬形制、埋葬习俗、随葬品特征等
具有明显的共性，应划归同一考古学文
化，命名为"谢尔塔拉文化"。西乌珠尔
墓地年代为7~8世纪，当为谢尔塔拉文化
的早期遗存，而谢尔塔拉墓葬年代9~10
世纪，应为谢尔塔拉文化的晚期遗存。

陶罐

木杯

陶罐

辽金元时期

　　辽金元时期遗迹在呼伦贝尔有众多分布，大致可以分为古城、古墓葬、水利设施、陶窑、长城等几大类。辽代古城主要为边防城，目前可以确认的有五十处之多，主要分布在海拉尔河、辉河、乌尔逊河岸边，有浩特陶海古城、甘珠花古城、赫热木图古城、扎赉诺尔古城、伊和乌拉城址、巴彦诺尔城址等，岭南扎兰屯有高台子古城、九村古城、王家屯城址等。除此而外，辽代墓葬也广有分布，较著名者有哈日道布和甘珠尔花墓葬等。

　　金代在呼伦贝尔留下了两条长城，《金史》称为"金界壕"，分布于大兴安岭两侧。

　　呼伦贝尔蒙元时期古城近十处，均属于东道诸王投下城池。额尔古纳市的黑山头古城被认为成吉思汗大弟哈撒尔封地的投下城。鄂温克旗巴彦乌拉古城被认为幼弟帖木哥·斡赤斤的投下城，在巴彦乌拉古城周边，还分布有大浩特罕、小浩特罕等古城。

‖27‖ 新巴尔虎左旗布哈陶拉盖遗址

撰稿：长海
摄影：哈达

新巴尔虎左旗重点文物保护单位。

位于新巴尔虎左旗巴音塔拉苏木巴音温都尔嘎查东南13公里处，南距哈拉哈河2.3公里。

布哈陶拉盖古城，2007年开始的全国第三次文物普查过程中复查了该古城。

古城平面呈正方形，边长约200米。夯筑城墙，基宽约6、残高约0.6米。东、西、南各设城门一，南城门宽约15米，东、西城门宽约8米。城内有长方形建筑基址三处，东西向排列，大者居中，长约35、宽约25米。其东侧建筑址长约18、宽12米。西侧建筑址长约20、宽15米。采集有黄绿釉琉璃瓦、龙纹滴水、波纹瓦当和铁锹、铁钉等遗物，根据出土遗物分析，与巴彦乌拉古城相似，应为蒙元遗存。

城内地表遗物

城内地表遗物

远景

28 新巴尔虎左旗赫热木图城址

撰稿：长海
摄影：巴图孟和
绘图：长海

新巴尔虎左旗重点文物保护单位。

位于新巴尔虎左旗新宝力格西苏木阿拉达尔图嘎查东北4公里处。古城在辉河西岸，距河2.5公里。南濒赫热木图诺尔，蒙语为有城的泡子。

城址呈长方形，东西长360、南北长320米，周长1360米。方向南偏东60°。城为土筑，基宽约6、残高1.5米。东、西城墙各设一门，门宽7米，外筑瓮城为方形，瓮城门向南开。城墙外间隔约60米筑马面一座，四面墙共16座马面。四角设

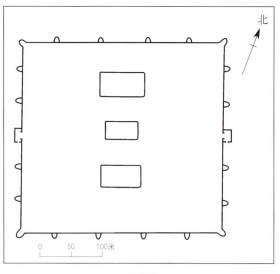

平面图

角楼。城外有护城壕，宽约9米。城内中轴线上有三处建筑遗址。地表采集有辽代布纹瓦、篦纹灰陶片、白瓷片、宋"熙宁元宝"铜钱等遗物，据此可断定此城为辽代古城。据米文平先生考证，为辽代招州古城。

远景（东北-西南）

远景（西北-东南）

29 鄂温克族自治旗大浩特罕古城

撰稿：长海　殷焕良
摄影：哈达

鄂温克族自治旗重点文物保护单位。

位于鄂温克族自治旗辉苏木喜桂图嘎查西北约8公里处。古城之西8公里即巴彦乌拉古城，南距辉河约1.5公里，河水在城南由西向东流，折向北，四周蔓草莽莽，地势低平。

早在1964年，盖山林先生曾对大浩特罕古城进行过调查。

古城呈"回"字形，分内外两城。外城呈正方形，边长约360米。夯筑城墙，基宽约8、残高0.5米。四面各设1门。无瓮城、角楼。内城偏南，平面呈长方形，

远景

长140、宽约100米。南墙设门，宽12米。东、西门不清。内城中央有建筑址，南北长约30、东西宽约10米。采集有青色、红色布纹瓦，黄釉、绿釉琉璃瓦、青砖、滴水等。

　　大浩特罕古城之北4公里有小浩特罕古城址，位于鄂温克族自治旗辉苏木喜桂图嘎查西北1.5公里处的辉河平原的高地上。古城址呈长方形，南北长90、东西宽70米，占地面积约6300平方米。城墙为土筑，基宽约4、顶宽2、残高约0.5米。城内正中有长方形建筑台基，长约20、宽约15、高约1.5米。城外有护城河。采集遗物有布纹瓦、琉璃瓦、瓦当、青砖等。此城与大浩特罕古城，从出土遗物看，似属同一时期，当为蒙元时期。从两座古城的布局特点及所处地理位置判断，似与巴彦乌拉古城相同，即蒙古汗国成吉思汗幼弟铁木哥·斡赤斤及其家族主要城池。

散落的青砖、布纹瓦、彩瓦

柱石

‖30‖ 陈巴尔虎旗浩特陶海古城

撰稿：长海
摄影：庞雷
绘图：长海

全国重点文物保护单位。

位于陈巴尔虎旗巴彦库仁镇浩特陶海牧场西约100米处，东南距海拉尔区15公里。古城南濒海拉尔河，海拉尔河在此呈新月形自南向北至此转弯折向西流去，形成一个巨大的河湾，故此处古城称之"浩特陶海"，蒙语意为"河弯之城"。

1975年黑龙江省文物考古工作队曾对古城作过调查。2002年，内蒙古自治区文物考古研究所对古城进行了测绘。

古城呈方形，边长约500米，周长约2000米，面积25万平方米。城墙顶宽4、

古城南城门及瓮城

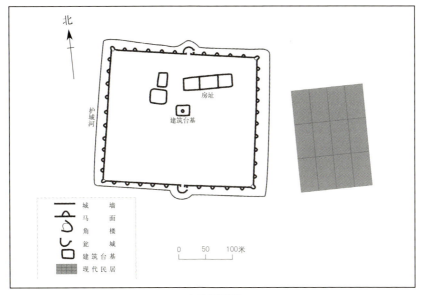

城 墙
马 面
角 楼
瓮 城
建筑台基
现代民居

0   50   100米

古城平面图

底宽12、残高3～4米。城墙南、北各设城门一座，宽约10米。门外加筑马蹄形瓮城，瓮城门向东开。城墙马面间隔50～60米，四面墙筑38座马面。四角均有角楼。城外有一道护城河。

城内有几处建筑遗址，大部分在北半部。城中央有一座小宫殿建筑遗址，台基呈方形，边长约20米。其西北约50米处也有前后二座建筑遗址，前者呈方形，边长50米；后者呈长方形，长约60、宽约30米。中央宫殿北约70米处，有一座院落遗址，长约165、宽40米，内有三处房址。采集遗物多为辽代篦纹陶片，据此可断定此城为辽代古城。

关于古城遗址的建置问题，学者们有不同意见。一种意见是孙秀仁认为"浩特陶海古城是辽代泰州前身通化州故城"；另一种意见是林占德在《呼伦贝尔古代民族》一书中，认为浩特陶海古城是回鹘可敦城，即河董城。

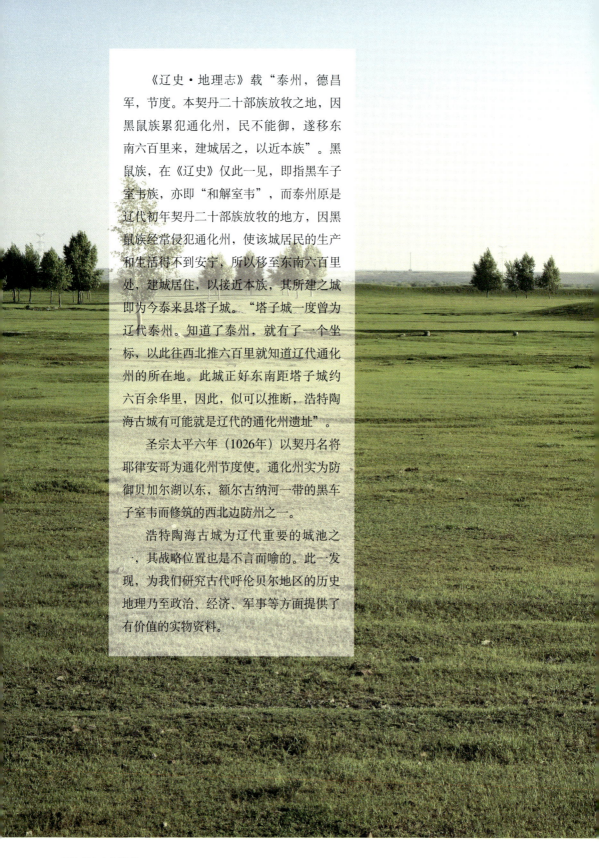

　　《辽史·地理志》载"泰州，德昌军，节度。本契丹二十部族放牧之地，因黑鼠族累犯通化州，民不能御，遂移东南六百里来，建城居之，以近本族"。黑鼠族，在《辽史》仅此一见，即指黑车子室韦族，亦即"和解室韦"，而泰州原是辽代初年契丹二十部族放牧的地方，因黑鼠族经常侵犯通化州，使该城居民的生产和生活得不到安宁，所以移至东南六百里处，建城居住，以接近本族，其所建之城即为今泰来县塔子城。"塔子城一度曾为辽代泰州。知道了泰州，就有了一个坐标，以此往西北推六百里就知道辽代通化州的所在地。此城正好东南距塔子城约六百余华里，因此，似可以推断，浩特陶海古城有可能就是辽代的通化州遗址"。

　　圣宗太平六年（1026年）以契丹名将耶律安哥为通化州节度使。通化州实为防御贝加尔湖以东，额尔古纳河一带的黑车子室韦而修筑的西北边防州之一。

　　浩特陶海古城为辽代重要的城池之一，其战略位置也是不言而喻的。此一发现，为我们研究古代呼伦贝尔地区的历史地理乃至政治、经济、军事等方面提供了有价值的实物资料。

‖31‖ 牙克石市煤田东城址

撰稿：长海
摄影：朱志卓

内蒙古自治区重点文物保护单位。

位于牙克石市煤田镇鑫金源农场南1500米处。地处于海拉尔左岸，北距牙林铁路2公里，四周群山环抱，城址坐落在山间盆地的沼泽之中。

城址平面呈长方形，南北长155、东西宽73米，面积11000平方米。城址无城墙痕迹，四周围以壕沟，壕宽约8、深约0.5米。每边壕内侧正中各有一建筑台基，南北长约50、东西宽约36、高约0.5米。城中央有一建筑台基，南北长约64、东西宽48、高约2.5米。

根据城内采集的布纹瓦、砖等残片遗物推断，该城址应为辽代古城。

辽代边防城在呼伦贝尔广有分布，辽时期呼伦贝尔在军事上占有重要位置，是辽王朝控制北方民族的前沿阵地，因而在这里设置了众多的边防城，煤田古城即是其中之一。

古城保存较为完好，城壕、城内建筑基址清晰可辨，周围环境也非常优美，是一处较有价值的辽代古城。

地表散落的布纹砖

远景（西—东）

Ⅲ32Ⅲ 扎兰屯市九村古城

撰稿：长海
摄影：陈林义

城墙局部（南—北）

扎兰屯市重点文物保护单位。

位于扎兰屯市达斡尔民族乡九村西南1公里处。

古城呈方形，边长约65米。城墙皆为土筑，基宽约6、残高约2.5米。东墙开城门，宽约8米。城外有护城壕。在古城内采集有青红布纹瓦、篦纹陶片等，当为辽代故城。

城墙（东—西）

‖33‖ 鄂温克族自治旗巴彦乌拉古城

撰稿：长海
摄影：庞雷
绘图：长海

全国重点文物保护单位。

位于鄂温克族自治旗辉苏木西北17公里处，地处于辉河左岸巴彦乌拉山南脚下河谷平原上，东距辉河约10公里。古城四周蔓草溰溰，地势平坦，海拔高程671米。

巴彦乌拉古城向未见于记载。1975年孙秀仁带领鄂温克族自治旗文物普查分队在辉河流域普查时发现此城。1989年11月呼伦贝尔盟文物站米文平，对古城做了调查。

平面图

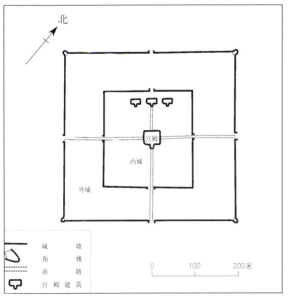

古城由外城、内城组成。外城呈方形，东墙长414、南墙长419、西墙长393、北墙长437米，周长1663米。方向南偏东36°。城墙剖面梯形，夯筑，基宽约10、顶宽约4、残高约2米。城墙无马面，四角有角楼，高约2.5米。四墙各设一城门，无瓮城。南城门为正门，门址两侧有高大的土包，为门楼遗址，南门宽约7米。北门宽约5米，东、西两门较小，宽3~4米。城外有护城壕环绕。

内城位于外城中部，呈方形，四墙长度不等，东墙长280、南墙长246、西墙长272、北墙长230、周长1028米。城墙残高约0.3、基宽约10米。内城墙四面均有设城门，与外城两两相对，无瓮城。城墙无马面、无角楼等设施。

古城从南门至北门呈一条中轴线，建筑址贯穿于此条中轴线上。内城中央有一

古城西墙

座平面为长方形的大型宫殿建筑基址，台基高约3、南北长44、东西宽27米。大殿遗址正北侧，距内城北墙28米，有东西一字排开的3个长方形小建筑基址，长20、宽11、残高约1.5米，中间的建筑基址处于中轴线上，有青砖铺就的甬路与大殿相通，甬路宽约6米。除北面一条甬路外，大殿东、南、西三面皆有甬路与内、外城门相连，从遗迹判断，皆为青砖铺就。城内建筑基址周围遍布残砖剩瓦，有绳纹青砖、红砖、布纹灰瓦、板瓦、筒瓦、绿釉琉璃瓦、黄釉琉璃瓦等。

关于巴彦乌拉古城年代与建制，归纳前人的调查与研究成果，主要有两种观点：一种为蒙元时期成吉思汗幼弟铁木哥·斡赤斤及其家族的投下城之一，一种为辽代乌古敌烈部都统军司所在地。米文平《斡赤斤故城的发现与研究》一文，认为巴彦乌拉古城在蒙古汗国初期所建，并且断定为"斡赤斤故城"。松迪、丽娜《呼伦贝尔辉河流域古城群落遗址考》一文，认为以巴彦乌拉古城是"辽代乌古敌烈部都统军司所在地，1068年左右建成的辽代城池。后来蒙古贵族阿勒其岱那颜居

住过此城池"。

综合前人调查与研究成果，结合史料记载，巴彦乌拉古城以"成吉思汗幼弟铁木哥·斡赤斤及其家族的投下城之一"说较为可信。关于斡赤斤的封地，《史集》记载："他的地面和禹儿惕位于蒙古斯坦遥远的东北角上，因此在他们的彼方就再也没有蒙古部落了"。铁木哥·斡赤斤是成吉思汗的同母幼弟，按照蒙古族"幼子守灶"的旧俗，斡赤斤与母亲月伦太后共同生活。斡赤斤于1214年受封领地时，分得民户一万户，比三个兄长的民户总和还

要多。由于人户众多，后来斡赤斤家族的势力又逐步向东扩展，占据了大兴安岭以东的嫩江流域，南达洮儿河以南。成吉思汗时期铁木哥·斡赤斤的封地大致上，西北以"额尔古纳河东支流根河与得耳布尔河汇合处一带及黑山头山与哈萨尔封地相接"，西以呼伦湖为界，南至哈拉哈河，东达大兴安岭，这是斡赤斤最初的封地范围，也恰好属于蒙古最东北部地区。

1221年，长春真人丘处机奉召去西域，先往铁木哥·斡赤斤帐拜见。据《长春真人西游记》所载，丘处机与徒

城址内散落的残砖断瓦

弟们从克什克腾达来诺尔"往东北行二十天之后，到达一条沙河，河水往西北流入陆局河。水深到马镫，河旁长茂密的柳条。渡河往北行三天，涉过小沙丘。四月初一到达斡赤斤那颜帐时，才冰化，地开冻"。陆局河即《辽史》之胪朐河，《金史》作龙驹河，《元史》作怯绿连河，即今克鲁伦河。当时将呼伦池连同上游之克鲁伦河一并皆称为陆局河。所谓"西北流入陆局河"实即流入呼伦池（即今呼伦湖）。"沙河"应当指今哈拉哈河。此处只有哈拉哈河为西北流向，是北去呼伦贝尔必经之路。上述记载明确指出铁木哥·斡赤斤帐的位置，从"沙河"往北行三日路程之地，即今哈拉哈河之北、呼伦湖东南方向。在

这大体范围内规模最大并且有大型宫殿建筑的蒙元城址唯有辉河流域的巴彦乌拉古城，为斡赤斤封地内的最大的投下城邑，应当为丘处机所至的斡赤斤宫帐。

巴彦乌拉古城附近还有两座城址和一处建筑址，分别为大浩特罕、小浩特罕城址和浩勒特好建筑址。这三处遗址均距巴彦乌拉古城不远，应是以巴彦乌拉古城为中心的聚落群体。这也与《史集》载斡赤斤"以好兴建宫院著名，他到处兴建宫殿、城郊宫院和花园"的记载符合。综上所述，从巴彦乌拉古城的地理位置、建筑布局、形制特点、宫殿建筑规模及出土遗物来判断，此城即蒙元时期铁木哥·斡赤斤的故城应当无疑的。

‖34‖ 额尔古纳市黑山头古城

撰稿：长海

摄影：马健　庞雷

绘图：长海

全国重点文物保护单位。

位于额尔古纳市黑山头镇古城子村西侧约100米处，地处根河与得尔布尔河注入额尔古纳河的东部台地上。背山面水，南临根河，北依得尔布尔河，城西部紧邻沼泽地。古城北侧为一座海拔554.6米的孤山，地势北高南低，东南面向黑山头山。这里水草丰美、冬暖夏凉，是大兴安岭山地与呼伦贝尔草原交接之处，是古代扼守北方草原的门户，进出草原的咽喉，也是游牧民族休养生息理想之地。古城因"黑山头"而得名。蒙古语称它为"苦烈儿温都儿斤"。"苦烈儿"即固定在勒勒车上的木箱，"温都儿斤"即高山，蒙古语意为"木箱似的山"，所以当地蒙古人称之为"苦烈儿温都儿斤古城"。

城址南门

黑山头古城，很早就引起国内外学者的关注，清代西清《黑龙江外纪》中对古城已有记载。之后，《黑龙江舆图说》、《呼伦贝尔志略》对此古城也有记载。同时俄国人克鲁泡特金、包诺索夫等"考古学家"、"探险家"先后到古城调查过。1975年，黑龙江省文物工作队的张泰湘对古城作了实地调查。额尔古纳市文物管理所的张春撰写的《黑山头古城》一文，在对古城全面调查的基础上，作了较为详细的描述。

古城分内、外两城。外城平面呈四方形，东墙长592、西墙长598、南墙长578、北墙长598、周长2346米。城墙夯筑，基宽约16、顶宽约2米，残高2~4米。四墙中部各设1门，外加筑马蹄形瓮城；东、西门瓮城门向南开，南、北门瓮城门向西开；四座瓮城的大小为，长19~22、宽17~24米。墙上间距100米左右建一座马面，四面墙上共有16座马面；

远景

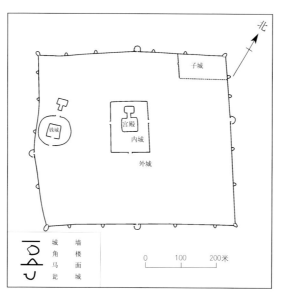

古城平面图

每座马面长4、宽2.4米。城墙四角有角台残基，角台边长约4米。城墙外附设护城壕，顶宽7、深1.2米。

内城位于外城中部偏西处，平面呈长方形，南北长167、东西宽130、周长550米。夯筑城墙，基宽约7、顶宽约1.5、残高约1.3米。有东、南、西3座城门与外城城门相对；东、西门为小门，宽约4米；南门为正门，宽约18米，外筑马蹄形瓮城。南门前23米处有影壁一座，影壁长20、宽8米。墙外有护城壕，壕顶宽约7、底宽约1、深约1.2米。

内城中部偏北处有大型建筑基址一座，呈"工"字形布局，南北长67、东西宽31、残高2.3米。建筑基址上的花岗岩柱础石排列有序，相互间距约4米。周围散布有青砖残片、黄绿釉琉璃瓦、龙纹瓦当和绿釉覆盆等遗物。该建筑基址当为一

处大型的宫殿遗迹。内城东北角另有小型院落一处，其东墙距内城东墙17米，北墙距内城北墙2米，小院落址南北长17、东西宽14米，墙体残高0.9米，南墙中部见有宽4米的门址。

外城内亦分布有多处建筑基址。东北角有长方形子城一座，其东墙、北墙借用了外城的部分东墙和北墙，另筑了西墙和南墙，南北长122、东西宽100米。西墙底宽约2.5、顶宽约0.5、残高近1米，设西门，门址宽4米。墙外有壕，壕顶宽约1.9、底宽约0.4、深约0.7米；南墙及其外壕被严重破坏，已辨认不清。子城内西南角有一圆形土坑，直径7米；坑中有一小土包，直径2、深0.8米。子城内还有数处建筑遗迹和水井一口。

外城西门内北侧有一圆形院落基址，直径约100、院墙顶宽2、坍宽7米，南面

开门，门址宽5米；院落内有方形土台一座，边长约27米，残高约2米。整个院落外圆内方，形似圆形方孔钱，故有"钱城"之称。

外城南门内右侧有一方形院落基址，边长约20米，设一南门。院落内有一方形建筑址，边长约6、残高0.8米。院外有壕。

外城北墙南侧还有一连串的小型房屋遗迹。

关于黑山头古城的年代与建制，归纳前人的调查与研究成果，主要有三种观点：一种为辽代边防城，一种为蒙元时期成吉思汗大弟哈撒尔及其家族居住的城池，一种为蒙元时期成吉思汗幼弟铁木哥·斡赤斤及其家族的投下城。米文平、冯永谦《辽代边防城考》一文，认为黑山头古城外城为辽代边防城皮被河城，并指出：黑山头古城"军事防御设施完备，当是一座因军事需要而建筑的边防城，从其规模结构形制看，是一座辽城。在这座城址内，有一内城，其内有成吉思汗大弟哈撒尔及其家族营建的宫殿遗存；但外城的规模与形制，均与蒙古汗国时期的那种低矮土城不同，更为重要的是据《元史》记载成吉思汗于公元1214年分封时，把此地分给哈撒尔之前，此城即已存在，可知其外城当为辽代遗存"。张泰湘通过调查，认为该古城"还是以成吉思汗次弟哈撒儿及其家族的封地之说比较可信"，景爱也赞同此观点。张家璠《呼伦贝尔志略》认为古城为成吉思汗幼弟斡赤斤所建。松迪《关于黑山头古城》一文，也认为古城是成吉思汗幼弟斡赤斤的城池，而且初步考证其兴建年代为1221至1246年。

综合前人调查与研究成果，结合史料记载，黑山头古城以"成吉思汗次弟拙赤哈撒尔及其家族的投下城"说为是。关于哈撒尔的封地，《史集》记载"移相哥和拙赤·合撒儿氏族的禹儿惕和游牧营地，在蒙古斯坦的东北部额儿古涅河（即今额尔古纳）、阔连海子（即今呼伦湖）和海刺儿河（即今海拉尔河）一带，离斡惕赤那颜的儿子只不和他的孙子塔察儿的禹儿惕所在地不远"。这段记载与《元史》以下记载吻合。《元史》载，"初，弘吉刺氏族居于苦烈儿温都儿斤、迭烈木儿（即今得耳布尔河）、也里古纳河（即今额尔古纳河）之地。岁甲戌（1214年），太祖在迭蔑可儿时，有旨分赐按陈及其弟火忽、册等农土，农土犹言境界也。若曰'是苦烈儿温都儿（即今黑山头）、斤（即今根河），以与按陈及哈撒尔为农土（即封地）'"。屠寄《蒙兀儿史记》指出："哈撒尔所受农土，在额尔古涅河、阔连海子、海刺儿，以苦烈儿温都儿斤与翁吉刺特阿勒赤（即按陈）为邻。"据白拉都格其考证，哈撒尔封地并非与弘吉刺部按陈封地为邻，而是与成吉思汗幼弟斡赤斤封地为邻。因此，哈撒尔封地包括额尔古纳河流域、呼伦湖和海拉尔河一带，东南以苦烈儿温都儿（今黑山头）、根河、迭烈儿(今得耳布尔)河一带与斡赤斤封地连接，而且以黑山头山为界。黑山头的西部属哈撒尔的封地，黑山头以东很显然是斡赤斤的封地。在黑山头西北17公里、根河北岸的黑山头古城，并不在斡赤斤的封地之中，而在哈撒尔封地内。因此，黑山头古城不是斡赤斤投下城，而是哈撒尔封地的主要投下城之一。

哈撒尔封地，西邻别里古台封地，即

龙纹瓦当

瓦片

东城墙及马面（北—南）

今鄂嫩河下游和额尔古纳河支流乌卢龙桂河流域一带，北至外贝加尔湖之东南地区，已被考古材料所证实。在这范围内发现了许多蒙古帝国及元朝时期的城市遗址，其中在额尔古纳河左岸支流乌卢龙桂河北岸边有两座大的古城，一是康堆古城，一是希尔希拉古城。

康堆古城，东距黑山头古城70余公里，古城南北为100余米，东西为60米。城

中有规模宏大的宫殿址，在高大的台基上遗有花岗岩雕刻的柱础石、石雕龙首，柱础石的规格形制与黑山头古城所见完全相同。在宫殿内部镶有铺地砖，并发现精美的宋代的瓷器和彩釉鸱吻、琉璃龙纹瓦，其样式与黑山头古城所见相同。

希尔希拉古城，也称黑尔黑尔古城，西距康堆古城约50公里，东距离黑山头古城约40公里。古城近方形，东西长100、南北长110、周长420米。城墙基宽15、残高2.5米，城外有护城河。古城中有宫城（内城），东西长30、南北宽15、残高2米。古城出土遗物与康堆古城、黑山头古城大体相同。其中最珍贵的是1818年在城北山岗上发现著名的"移相哥"石碑。

黑山头古城、康堆古城、希尔希拉古城的建筑形制、布局特点及城中出土遗物，如龙纹鸱吻、龙纹琉璃瓦当、圆形柱础石，在风格上均基本一致。这表明，上述古城不仅都是哈撒尔家族所建，而且建筑的时间大致相同，或相隔不久。其建筑时间不会早于哈喇和林，应当与元上都、应昌路故城相同或相近，即建于元宪宗蒙哥汗至元世祖至元初年。

由于史料不足，黑山头古城修筑的具体年代仍有待于正式考古发掘来补充。黑山头古城是成吉思汗大弟哈撒尔及其家族的投下城之一，也是当时蒙古王公贵族的政治文化中心。黑山头古城对研究蒙古汗国时期至元代早期历史、政治、经济，尤其是蒙古族城市建筑文化具有相当重要的学术价值。

‖35‖ 新巴尔虎左旗浩伊勒陶勒盖陶窑址

撰稿：长海
摄影：哈达

新巴尔虎左旗重点文物保护单位。

位于新巴尔虎左旗乌布尔布拉格苏木西林贝尔嘎查南3.5公里处的一个小山丘上。窑址西北距新巴尔虎左旗旗政府所在地阿木古郎镇63.5公里，东距沙巴拉图河0.4公里。浩伊勒陶勒盖的东侧，隔河相望便是浩辛陶勒盖，两地地势较高，之间为河流，浩伊勒陶勒盖为蒙语，意为"两个头"，周边为干涸的湿地，陶窑址南侧有一干涸的小溪，东南约40公里为巴尔图林场，西北1.5公里为瓦窑扎拉格（即瓦窑沟），西为广阔的草原。陶窑址坐落于一土丘上，土丘东西长约800、南北宽约400米，土丘高出四周干涸湿地约10米。

2007年8月，在修筑乌布尔宝力格苏木西林贝尔至巴尔图林场的公路中发现该陶窑址。呼伦贝尔市、新巴尔虎左旗文物管理部门组成考古发掘队，对陶窑址进行了现场调查并对被破坏陶窑进行了抢救性清理，共发掘陶窑室6座。

窑址为辽代陶窑遗址，总面积大约为3.7万平方米，其中修路施工破坏约1万平方米。经过清理发掘，根据六座陶窑的局部特征和综合对比研究，陶窑的结构

远景

及型制得以复原。该遗址的窑室与窑室之间排列非常紧密，间距0.3~1米，窑室大者长3.5、宽2.05、高约1.7米；小者长2.5、宽1.5、高约1.5米。窑室的外形和结构基本一致。均为坐北向南的土洞窑，由窑门、火膛、窑床、烟道四部分组成。陶窑室均为半倒焰式，即火膛位于窑床之前，火焰是从窑床前侧进入，由后侧烟道排出。窑室平面为"梨形"，大头处为窑床，小头处为窑门和火膛，窑门宽窄不等，在0.5~0.6米之间。在正对窑门的大头处之外设烟囱，烟囱利用土丘高度直通地面，烟囱方向为北偏东或西。其中1号窑室的烟道与窑壁相隔0.2米，烟道口宽0.54、残高0.58米，往上一直通向地表面。窑室纵剖面近似于"心形"，地表至窑底深为2.6~3.2米，窑室壁为弧形，表面为黑青色，之后为渐变的红黄色，厚约0.12~0.2米。窑底为曲线形，其中火膛为弧形，窑床处较平并逐渐抬高，有的还设有台阶，可摆放所烧制的陶器。

在各窑室中均出土有数量不等的残陶器，不见完整器物。陶器器形均较大，口径一般13~30、底径10~20、高约30~65厘米。器物种类主要有罐、壶、瓮3种，有直口、侈口、敞口、喇叭口之分；有弧腹、鼓腹、斜直腹等；器底全部为凹底，不见平底；陶色以灰褐色居多，黑褐色和红褐色较少；胎质分泥质和泥质夹砂二种，火候较高，制法均为轮制。纹饰以滚轮压印篦齿纹和篦点纹居多，其中有长篦齿纹与短篦齿纹之分；有疏篦齿纹和密篦齿纹之分，在篦齿纹中还加饰交叉水波纹、变形几何纹等。纹饰还有压印网格纹、乳钉纹、条带状竖向磨光纹、凸弦纹，还有在凸弦纹上加饰篦齿纹或篦点纹，有的器底上饰有钱形纹、箭头纹、圆形叶脉纹等纹饰。窑址出土的残陶器，无论胎质、器形，还是花纹装饰等，都属于典型的辽代陶器。

辽代陶窑址发现不多，过去很少见诸报道。浩伊勒陶勒盖陶窑址是一处烧陶器的窑场，面积很大，残片亦多，所见主要为饰有篦齿纹的陶器，特点突出，是了解辽代陶器生产的重要窑场之一，为研究辽代陶瓷器提供了极其重要的实物资料。

出土遗物

窑址中心处

‖36‖ 呼伦贝尔岭北金界壕

撰稿：长海
摄影：马健

全国重点文物保护单位。

金界壕又称金长城，是在12世纪，金朝为防御辽契丹贵族残余势力或北部蒙古诸部南下侵扰而修筑的巨大军事防御工程。金界壕，是"近古代史之大工役"，是世界文化遗产——中国古代长城的组成部分。

岭北界壕分布于漠北草原东部地区，即内蒙古自治区呼伦贝尔地区，俄罗斯赤塔州中南部地区以及蒙古国东方省、肯特省。东起额尔古纳市上库力街道办事处西南8.7公里，地理坐标为东经120°19′50.87″、北纬50°14′48.76″，海拔高程630米。大致呈东北、西南方向前伸，沿着根河左岸由东向西经过拉布达林、黑头山镇，至四卡后，折而沿额尔古纳河右岸西南行，至红山嘴处越过额尔古纳河进入俄罗斯赤塔州。界壕又继续向西南方向延伸，穿越额尔古纳河，进入俄罗斯，到达外贝加尔斯克附近又转入中国满洲里境内，界壕继续向西南方，穿行新巴尔虎右旗北部，至哈日诺尔湖北岸出境进入蒙古国东方省，沿克鲁伦河和乌勒吉河之间的草原伸向西南，止于乌勒吉河河源之北。岭北金界壕在呼伦贝尔境内长约300公里，在俄罗斯

境内长约120公里，在蒙古国境内长约400公里，总长度约820公里。

岭北界壕，在拉施特《史集》和《圣武亲征录》等书均屡有提及。《史集》所谓"弘吉剌惕部落[所占据的]地区，为延伸于乞台、蒙古两地之间，类似于亚历山大城墙的兀惕古城墙"，《圣武亲征录》所谓的"阿兰塞"，都是指这条界壕而言的。1852年至1864年俄国人克鲁泡特金在呼伦贝尔西部地区探考，称这条界壕为"成吉思汗边墙"。1897年清朝编绘《黑龙江舆图》时，将这条界壕命名为"金源边堡"。1973～1987年，我国文物考古工作者孙秀仁、景爱、米文平、冯永谦等人曾多次考察这条界壕并取得很大的成果。2007年开始，国家开展长城资源调查，对岭北金界壕的具体位置、走向、结构、布局等问题有了更深认识。

陈巴尔虎旗白音哈达界壕远景（东-西）

额尔古纳市-拉布达林界壕（东南-西北）

岭北金界壕的形制结构简单，由以墙壕结合的主体设施及其辅助边堡组成。岭北金界壕主体设施由墙、壕沟组成。其筑法是平地挖掘壕沟，在挖掘过程中所取出之土，堆积在壕内侧夯筑墙体，从而形成由墙壕结合的一道双障防御线。掘壕堑，夯筑墙，以防御战马冲越。据考古调查所见，岭北界壕的墙基宽5～6、残高1.5米左右，壕顶宽8～10米，现存深度0.5～1米。其结构均为单线墙壕，未见加副墙副壕，墙体外侧无马面。

金界壕属于军事防御工程，需派兵驻

于河水深、流急，故未建边堡。在离开额尔古纳河以后，界壕又沿着克鲁伦河中上游，平坦草原上穿行，故每隔一段便修筑边堡。这表明界壕以内边堡的分布配置，充分考虑到地理条件，有天险以利用的地段，尽量少建边堡，且堡间隔距离较远；没有天险可以利用的大草原上，则间隔距离较近，以便于相互援助。

据考古调查呼伦贝尔境内发现堡址有以下10处：

1. 上库力堡址，位于额尔古纳市上库力街道办事处所在地约3公里左右，位于金界壕起点南侧。平面近方形，南北墙长57、东西墙长58、周长230米，面积3300平方米。夯筑土墙，基宽10、顶宽1.7、残高约1.7米，东墙设门，宽约8米，城墙四角设有角楼，墙外有护城壕。

2. 120堡址，位于额尔古纳市拉布达林街道办事处所在120村东4.5公里处。地处于三角山西2公里处的山坡下。呈方形，边长37米，周长为148米，占面积1369平方米。城墙宽约2、残高约1.6米，南墙设门，宽5米，墙外有护城壕。

3. 新力队堡址，位于额尔古纳市拉布达林街道办事处新力村南侧1公里，该堡址西距生产队公路1.2公里处的平原上。呈正方形，东西墙长34、南北墙长33米，占面积为1122平方米。城墙顶宽2.6、底宽10、残高约1.5米。南墙设有一南门，宽约7米。墙外有护城壕，底宽8米。

4. 葫芦头堡址，位于额尔古纳市拉布达林农牧场葫芦头村队部北4公里，堡址东距海拉公路900米，北距雀巢公司1.2公里。呈正方形，边长约37米，周长约149米，面积为约1406平方米。城墙残高约

守，防止敌人袭击，监视对方动静。因此，在界壕内侧且间隔适当距离或山岗上或制高点上修筑许多边堡，作为屯军之用。岭北界壕从东端开始沿着根河走向，北以根河为天险，每隔10~20公里建边堡，至额尔古纳河之后，沿河流走向，由

0.8、顶宽2米，设有一东门，宽6米。

5．尖山子堡址，位于额尔古纳市拉布达林街道办事处六队村东侧8公里，地处于根河南岸山坡的台地上。由内外两城组成。外城呈圆形，直径120米，外城面积10697平方米。城墙基宽3～7、残高约3米，夯土墙，无马面，东侧设一门，

宽约6、城墙外有护城河；内城呈方形，边长约57米，墙约宽6、残约3高米，东城墙开一门，宽约7米。夯筑土墙，墙外有壕。堡址整个形状如古代钱币，故称"大钱城"。

6．小孤山南堡址，位于额尔古纳市黑山头镇梁东村东侧5公里，堡址地处于海拉黑公路北侧约200米处的小山岗上顶

葫芦头边堡全景（东北–西南）

部。平面呈方形，南北城墙长46、东西城墙长约47米，周长186米，面积约2162平方米。城墙为土、石砂夯筑建成，墙残高1.8米，东城墙开门，宽约6米。

7. 小孤山堡址，位于额尔古纳市黑山头镇梁东村东侧6公里，堡址位于南、北堡址中心区域，距北堡址约1公里处的平原上。堡址近似于长方形，东墙长108、南墙长78、北墙长87、西墙长97米，周长370米，面积约8000平方米，墙残高约1.2米，设南门，无角楼、马面、护城壕。城堡内北部正中有一处建筑台基址，椭圆形，南北长约31、东西长约25米，东西南北四面正中各突出一方形土台。

8. 小孤山北堡址，额尔古纳市黑山头镇梁东村东侧6公里，地处于根河南岸的小孤山顶。平面近方形，南北边长约43、东西边长约45米，周长176米，面积为1935平方米，南城墙开门，宽约7米。夯筑土墙，底宽约12.5米，墙残高约2.2米。

9. 四卡堡址，位于额尔古纳市黑山头镇梁东村西13公里，地处于口岸边检部队军营西侧菜园北侧，距额尔古纳河约二公里。城堡分内外城。外城呈圆形，直径约120米，夯筑土墙，残高0.3～0.7米，基宽约8米，北部和西部借用了金界壕墙，边壕从此地转向南；内城呈方形，东西墙长53、南北墙长约50米，占面积2650平方米，南墙开一门，宽约8米。内城东北角有子城，南墙26、西墙26米，东北墙与外城墙为一体，占面积约676平方米。墙外有护城壕，北部和西部借用了金边壕墙，边壕从此转向南。

10. 八大关堡址，位于陈巴尔虎旗巴彦哈达苏木乌兰础鲁嘎查西北64.6公里，

地处于紧邻额尔古纳河南岸。堡址北依乌兰础鲁界壕墙体而建，土筑，平面呈近方形，东墙长59、南墙长51、西墙长57、北墙长53米，占地面积3795平方米。残高约0.8、基宽5～8、顶宽1.2～1.8米。堡址南墙开一门，宽7.8米，城外有护城壕。

从边堡的结构、布局来看，显然是军事防御建筑。其功能是为前沿指挥机关以调遣士卒、部署战斗、保证供给等。这些

边堡是岭北金界壕军事防御体系中，非常重要的组成部分，其作用与历代长城的障城一样。

岭北金界壕的断代问题始终是学者们关注的问题之一。自从19世纪中期，俄国人克鲁泡特金在中国境内发现"成吉思汗边墙"之后，国内外学术界开始讨论关于这道界壕的断代问题。外国学者中，日本学者均认为辽代所筑，蒙古和西方学者多沿用俄国人的旧说，均称为"成吉思汗边墙"。蒙古国部分历史学者也根据《蒙古秘史》"将天生的野兽，恐走入兄弟之国，筑墙寨围栏住"记载，认为窝阔台时期修建。

国内学术界主要流行两种观点。一种观点认为辽代所筑，另一观点认为金代修筑。景爱《关于呼伦贝尔古边壕的时代》、《关于呼伦贝尔古边壕的探索》两

篇论文最有代表性。他提出："关于边壕的时代，众说纷纭，莫衷一是。笔者认为，这是辽代为防御乌古迪烈部的侵扰，保护克鲁伦河、哈拉哈河、海拉尔河流的农牧经济而修建的一道军事工程。"张泰湘、徐俐力、孙秀仁先生赞同此观点，都认为岭北金界壕是辽代所筑。但是米文平、冯永谦等学者认为是金代所筑。米文平《金代呼伦贝尔诸部及界壕》中，明确认为"其（岭北界壕）年代为金初与蒙古战争的防御设施"。李丕华《蒙古高原边墙考》认为岭北金界壕是"泰州都统婆卢火在1135年前主持修筑的"。综合前人研究成果，结合文献记载可推测，"它是金初为了防御耶律大石东征复辽而修筑的一道军事防御工程"。

尖山子关址全景（东南-西北）

‖37‖ 呼伦贝尔岭南界壕

撰稿：长海
摄影：郭旭光

全国重点文物保护单位。

金界壕建于12至13世纪，是金王朝为抵制西部蒙古诸族侵扰而修筑的重要军事防御工程，因其工程浩大，防御体系先进，被誉为"中国第二长城"，是中华民族先民的军事智慧的结晶，也是先人遗留给我们的一笔丰厚的文化遗产。

岭南金界壕是指金代修筑在大兴安岭以东的界壕。东北自嫩江西岸，西南至大青山与土默特平原交界处，《金史》称"明昌城"。自东北至西南，大体沿大兴安岭和阴山山脉走向，分为东北路、临潢路、西南路、西北路四路段。但是《金史》等史籍对岭南界壕的记载都十分简略。自从王国维的著作《金界壕考》发表后，开辟了金界壕的研究之先河。新中国成立之后，我国考古工作者对这条界壕进行了全面的实地考察或部分段考古发掘，基本上清楚了岭南界壕分布走向、建筑结构及其修建始末的情况。

岭南东北路界壕，它起自今莫力达瓦达斡尔族自治旗尼尔基镇七家子村附近，西南至霍林河河畔，即《金史·地理志》中所说的"自达里带石堡子至鹤五河"，全长500公里，其中呼伦贝尔市南部地区

岭南界壕属于东北路界壕北段。界壕自嫩江起点处有两条，相距约1公里。北边一条自七家子东北约1公里处的嫩江边沼泽地中，向西延伸5公里后折向西南4公里后汇至南界壕。该段界壕损坏较严重，几乎与地面相平，但是部分段落还残存2米之高，底宽约10米，无马面。南边一条界壕起自七家子东南约1.2公里处，在此处延伸向西南，沿嫩江右岸越过诺敏河后，经内蒙古阿荣旗、扎兰屯和黑龙江省甘南县、碾子山区、龙江县的分界线，进入兴安盟扎赉特旗境内，总长约250余公里。

呼伦贝尔境内的东北路界壕，一般在防御非重点地段或高山、沼泽等可以利用天然屏障充当墙体的地段，均为单线即单墙单壕。在重点防御地段则为复线即双墙双壕，由外而内为副壕、副墙、主壕、主墙。副壕是挖掘在副墙外侧的壕沟，其规模小于主壕并且与副墙同步，有副墙处则有副壕。这是越过界壕的一道人工设置的

莫力达瓦达斡尔族自治旗永和发界壕

成吉思汗镇段界壕

障碍；副墙由副壕掘土时堆积夯成，与主墙平行，在主墙外10至60米不等。修筑于山坡上的副墙除了防御功能外还有防洪和防火的功能，一般宽2～10米，现存残高有0.5～2米，估计当时高度不低于4米，是进入界壕的第二道障碍。主壕是修筑主墙取土留下的深沟，距离主墙外5～50米不等。与主墙基本保持平行，宽2～7、深0.3～0.7米。这是第三道人工障碍。主墙即最里层的一道墙体，宽度一般7～10、最宽达16米，残高为0.5～3米。主墙外侧筑有马面，在视野开阔的平坦草原或丘陵地区，马面设的密集且间距较小，一般50～90米。较高山或沼泽等不易进攻的地带，马面松散且间距较大，一般100米以上。主墙体现戍守的主要功能，是绝对不可逾越的第四道人工障碍。从副墙最外边，到主墙内侧，总宽度达50～60米，一般均为20～30米之间，骑兵同时越过双道墙壕极不易。这是针对草原民族强悍的骑兵作战这一特点而设计的，中国长城史中唯有金代，这也是创举。

岭南界壕内侧驻兵戍守的城，其性质和作用与《史记》中所记"嶂，山中小城"是相同的，故称之为堡、堡城、堡戍等。边堡选择的地势多为靠近缓山，视野开阔的高阜山岗上或水源丰富的山口、江边及交通要道之处。可以监视界壕外的敌情，也利于御敌屯兵的驻守。据考古调查，内蒙古与黑龙江省边界界壕的附属边堡均坐落于黑龙江省，仅两座边堡在内蒙古呼伦贝尔境内，编号为一号、二号边堡。

一号边堡（后宜卧奇边堡）位于莫旗尼尔基镇后宜卧奇村北约50、界壕南400米的一个西高东低的坡面上。北距界壕起

点约1公里，东为嫩江河谷。边堡平面呈方形，边长约180米，坐西向东。城墙残高3～6、基宽8～10米，东墙中央开门。城墙夯筑，内有主墙，外侧有副墙，中间有城壕环绕，四角设有角楼，各墙皆设有马面2座，等距离对称分布。

二号边堡（永合发边堡）位于尼尔基镇永合发村东南约1公里，界壕在此处又

阿荣旗段金界壕

顺山谷折向西南。边堡平面呈方形，边长约167米，城墙残高1～3、基宽8～10米，顶宽1米，东墙中央开门，宽约8米。门外加筑甬道式瓮门。城墙四角设有角楼，每面城墙有两座马面。城墙外有护城壕，宽6、深1米。

岭东界壕是呼伦贝尔境内非常重要的金代遗址，从遗址内外采集的遗物有石

白、陶器、瓷器等，这些遗物对研究金代在呼伦贝尔的地区的历史文化提供了不可多得的实物资料。

关于东北路界壕修筑具体时间，文献资料未详载。但是根据相关记载考知，其修筑时间比临潢路、西南路、西北路其他三段界壕要早，应该是金代早中期始建的。

‖38‖ 陈巴尔虎旗哈日道布古墓群

撰稿：长海　殷焕良
摄影：庞雷

陈巴尔虎旗重点文物保护单位。

位于陈巴尔虎旗巴彦库仁镇东2公里的哈日道布东南坡上，南距301国道300米，其西约200米为原旗石油公司，东南7公里为浩特陶海古城。

1995年和1996年，取土时发现三座古墓葬，呼伦贝尔文物管理站对此进行了抢救性清理发掘。墓葬形制为竖穴圆角土坑墓，均为木质葬具，一座为大型棺椁墓，其余两座为小型木棺墓。大型棺椁墓，由内外两层的棺椁组成。外椁为长方形，前宽后窄，前高后低，类似现代建筑木刻楞，由樟子松方木叠压咬扣筑成，有盖无底，盖为樟子松方木直接横铺框上。

远景

长313、前宽192、后宽169、前高86、后高70厘米，椁木厚10～16厘米；内棺由樟子松方木制成，长方形，前宽后窄，前高后低。长214、前宽90、后宽75、前高约65、后高56厘米。其余两座墓葬均为小型木棺，形制相同，为长方形。棺框四角各有一约9厘米见方的木角柱，以暗卯榫形式与四周棺板相连接。棺底均有扁方横向木条与两侧棺帮榫卯相连，木条上纵向铺满柳条，是为棺底，棺盖上亦有横向柳条。死者均为单人葬，仰身屈肢或直肢，头向东偏北。

墓葬出土遗物有陶器、铁器、金银器、木器等40余件（组）。棺椁墓葬出土遗物较为丰富，大多数为金、银、铜、铁等金属器物。另两座小型墓出土遗物很少，主要以陶器为主，还有木质制品。陶

圭形带饰

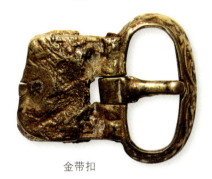

金带扣

金耳坠

器有陶瓶和陶壶，主要以细泥轮制陶为主，做工细致，火候较高，并饰以滚轮压印梳齿纹和篦齿纹。金、银、铜器有带饰、头饰、铜镜等。铁器有镞、刀。木器有木碗、木饰。皮制品有弓囊、箭囊、皮带、皮靴。此外，墓内还出有丝织品和毛毯的残片。殉葬有羊肩胛骨。

该墓群的大型棺椁墓的墓主人，男性武官，随葬三条分别饰以金、银、鎏金铜饰的皮带，并发现金耳坠、银壶、银碗等饰件和生活用品，死者腰间佩戴十分精美的银丝网络腰刀，说明墓主人并非一般平民。这种较大型高级别的墓葬，在呼伦贝尔地区尚属首次发现。根据墓群的墓葬形制和出土遗物，推测为辽代墓群。

清
代

　　清代史料的丰富，使得传统考古学很少涉猎这一领域。对这部分遗存的关注始于"第三次全国文物普查"期间，重点是一些地面建筑，如寺庙、敖包等，墓葬在此一时期也有发现，该时期遗址据统计有40余处。

　　清代蒙古族巴尔虎部、索伦鄂温克、达斡尔族迁徙至呼伦贝尔草原，受藏传佛教的影响在该地区建造了许多寺庙，这些寺庙在"文革"时期遭到严重破坏，现有六处得到重建或修缮。敖包遗址共计七处，其中最著名的为宝格德乌拉敖包，也是祭祀活动最隆重的一处敖包。该时期墓葬多为达斡尔族将军墓，如莫旗的色尔衮将军墓、都古尔将军古墓等。

Ⅲ39Ⅲ 莫力达瓦达斡尔族自治旗伊哈里驿站遗址

撰稿：呼德尔　郭旭晟
摄影：郭旭光　郭旭晟

莫力达瓦达斡尔自治旗重点文物保护单位。

位于呼伦贝尔市莫力达瓦达斡尔族自治旗哈达阳镇伊哈里村，伊哈里村南临甘河，背依靠山。

驿站为一院落式建筑群，由外墙、炮台、屋舍组成。

外墙形制为不规则长方形，石头墙基，上夯筑土墙，高3米。墙基宽1.5米，夯筑墙下宽1、上宽0.4米，剖面呈梯形。

遗址土墙

遗址炮台

南墙中间有一正门，门已无存，门道宽5米。北墙略靠西侧有一小门，宽3.8米。土城墙的西南角已经损毁无存。

现存炮台有三处，土墙东南角炮台外形为圆弧形，有射击孔，上部已缺损。东北角炮台呈方形，有射击孔。西北角炮台呈方形，有射击孔，保存略好。

有两栋房舍，位于墙院中间和东侧，两栋房屋均为土木结构，三间房，为典型的达斡尔民居，现房内格局已修改。

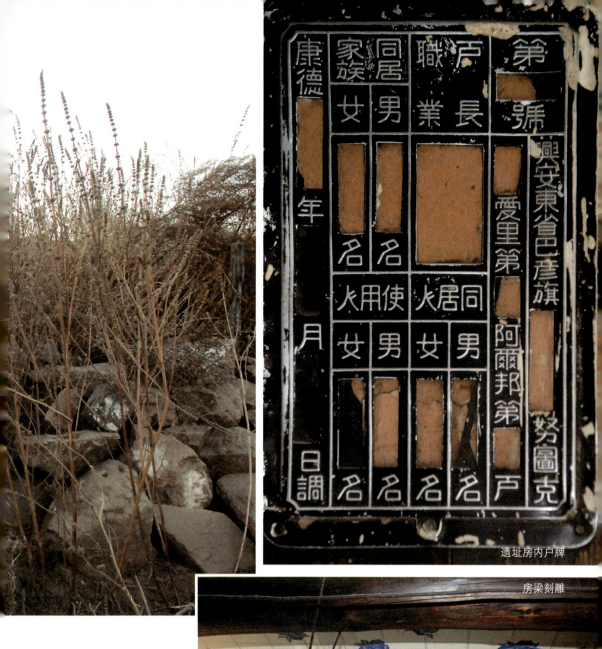

遗址房内户牌

房梁刻雕

撰稿：长海　郭旭晟
摄影：郭旭光　郭旭晟

　　莫力达瓦达斡尔族自治旗重点文物保护单位。

　　位于莫力达瓦达斡尔族自治旗尼尔基镇绘图莫丁村南约300米处。

　　色尔衮将军之墓汉白玉碑身已被砸碎，墓早已被掘开，"文革"期间挖水渠从高大的墓封土堆中间穿过。1985年建立砖厂，把墓地划为生产区，残留的封土遭到严重破坏。

　　色尔滚是清代著名民族将领，《清史稿》列传一百三十五章载"色尔滚，莫尔丹氏，黑龙江正黄旗人。由打牲兵袭佐

墓葬碑座

领"，"历黑龙江副都统，呼伦贝尔办事大臣"，"道光十三年，卒，赐金治丧溢壮勇"。道光十五年（1836年）三月十九日，道光皇帝追封色尔滚为"建威将军"，并立汉白玉雕龙碑。

碑座由青石雕刻而成，断头，为螭首龟跌背上有坐孔，背宽0.75、残高0.7、长1.3米；碑身残高2.17、宽0.95、厚0.31米。碑额高1.03、宽1、厚0.39米，为九孔透龙雕刻碑文为汉文和满文阴刻而成。墓葬出土官帽、官服残片、朝珠、鼻烟壶、烟嘴及饰品等文物，现收藏陈列于达斡尔民族博物馆。

出土的官帽

出土的烟锅、烟嘴

出土的饰品

出土的玉件

‖41‖ 新巴尔虎左旗甘珠尔庙

撰稿：长海　呼德尔
摄影：巴图孟和

全景

呼伦贝尔市重点文物保护单位。

位于新巴尔虎左旗阿木古郎宝力格苏木甘珠尔嘎查西北500米处（地名也称宝彦图布勒都）。距海拉尔175公里。位于贝尔湖东北，海拔高程580米，居所谓的巴尔虎草原的中心地带。

甘珠尔庙又称"寿宁寺"，是呼伦贝尔地区最早的喇嘛庙。清朝初年，巴尔虎部由喀尔喀迁至呼伦贝尔后，于乾隆六年

大锅

（1741年）由清廷赐给巴尔虎部一部《甘珠尔》经，当时建一小庙供奉（甘珠尔庙的前身）。1771年（乾隆三十六年），乾隆亲笔御批"准予"并命清廷拨银建庙。乾隆三十八年（1773年）动工兴建，至乾隆三十六年（1784年）完成索克钦庙（即大雄宝殿）和部分附属建筑。次年，乾隆皇帝亲书"寿宁寺"三字庙匾。由于收藏过《甘珠尔》经，故而得名为甘珠尔庙。甘珠尔庙是呼伦贝尔草原上建筑规模最大的寺庙。1784年主体建筑修完后，经清嘉庆、道光、咸丰年间和民国年间多次扩建和修缮最后形成为庙群。在将近200年期间，共修建11座庙宇，四座庙仓、一百多间伽蓝，分为中原汉式、藏式、蒙古式三种，占面积约1万平方米。寺庙的主庙是正殿，是寺庙的核心，是宫殿式建筑。庙内分经殿、佛殿两部分。前为经殿，后为佛殿。庙正中供奉着释迦牟尼佛像。右侧第一宫殿供奉占巴麦德尔佛、往下依次是宗喀巴、达喇科和阿里雅宝路佛。还有供奉有官布、扎木、苏伦等佛像2500余尊。庙里珍藏有四种版本的《甘珠尔》经、蒙文《丹珠尔》经，还有典、律、论总共3000余卷、2万余册。

甘珠尔庙是巴尔虎左、右翼旗的旗庙，是呼伦贝尔地区佛教活动中心。盛时有1000名喇嘛。清朝规定，寺庙最高职位是锡勒图喇嘛2名，两翼旗各1名，由呼伦贝尔都统任命；达喇嘛4人，两翼旗各2

名，由各旗总管任命；德木齐8名，格斯贵8名，两翼旗各为4名，由锡勒图喇嘛任命，这些人共同组成"索干代会议"，集体管理寺庙事务。

甘珠尔庙既是呼伦贝尔草原的宗教活动中心，又是经济活动中心。乾隆五十年（1785年）开始举办一次庙会，此后180余年办有160余次庙会，并成为著名的"甘珠尔集市"。庙会日商贾云集，近者来自满洲里、齐齐哈尔、哈尔滨、北京、天津等地，远者来自蒙古、俄罗斯、日本及欧美商人。由此，甘珠尔庙这一名称闻名于国内外。

甘珠尔庙在"文革"期间惨遭破坏，只剩下一个庙门。2001年开始新建重修，2008年扩建，现在总面积2.8万平方米，建筑面积为约1.1万平方米。寺庙建筑主要以砖、木结构。寺院整体布局为长方形，院墙南北宽55、东西长179米。寺庙呈中心对称，由两个大院落组成，从北至南由一条轴线贯穿，依次为索克钦大殿、索克钦东、西庙、主殿门庭庙、桑吉德莫洛姆庙、西龙王庙、东汗庙、却伊拉庙、西古楼、东钟楼、南山门等。甘珠尔庙这座举世瞩目、宏伟壮观的建筑群，重新矗立在美丽富饶的呼伦贝尔草原上。如今甘珠尔庙的宗教文化的香火吸引了众多的中外人士及旅游观光的客人，成为呼伦贝尔草原又一个重点旅游胜地。

喇嘛宿舍

撰稿：长海　呼德尔
摄影：田凤东

内蒙古自治区重点文物保护单位。

又称"扎意苏木庙"。当时蒙古人俗称"巴伦苏莫"，即是"西庙"之意思。位于呼伦贝尔市新巴尔虎右旗阿拉坦额莫勒镇西庙嘎查，阿尔山苏木驻地（原系新巴尔虎右旗正黄旗扎意苏木）。

达喜朋斯格庙始建于光绪十三年（1887年），是全旗境内一座规模较大的汉藏式寺庙，包括旗庙、二苏木庙、三苏木庙三个部分，"文革"中被严重毁坏，

1987年国家拨专款修复，使这座清代建筑得到了有效保护。

寺庙是汉藏结合式建筑，坐北朝南，总体平面为"回"字形，总面积占9212平方米。寺院分为内外两个院。外院墙垣东西长93、南北宽71米，外院南墙中间开一山门，东、西两墙中部均开对称的一门。外院内空地较多，仅在西北有5栋喇嘛住宿房；内院坐落于外院的中部北侧，南北墙长33、东西墙宽20米，南墙中部设正

外景

主殿

门，东、西墙中部设侧门。内院有建筑有3座，正北部有正殿即寺庙大殿，为典型汉藏式建筑，砖木结构，南北宽15、东西宽11米。内殿供奉有吉祥天母、十大护法、十葬王菩萨、四臂观音。内院南侧东西对称的两处配殿，殿内珍藏的藏文经书、佛像及部分物品等。

达喜朋斯格庙是全旗境内现存规模最大的藏寺庙、宗教圣地。最为盛时有喇嘛250人，现有喇嘛18名，信教群众万人。每年农历四月初和六月初和十月末，新巴尔虎左右两旗喇嘛会集达喜朋斯格庙，举行为期一周的庙会。如今达喜朋斯格庙已经成为新巴尔虎右旗重点旅游观光场所之一。

耳房（小庙）

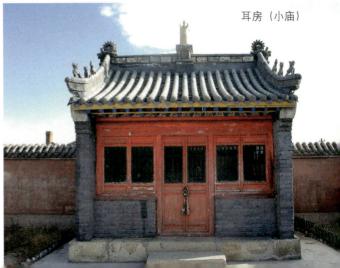

▕▏43▕▏新巴尔虎右旗宝格德乌拉敖包

撰稿：哈达　呼德尔

摄影：田凤东

新巴尔虎右旗重点文物保护单位。

位于新巴尔虎右旗贝尔苏木岗嘎图嘎查，距离贝尔苏木西北约40公里处的宝格德乌拉山顶。

蒙古族历来重视敖包祭祀活动，据《蒙古秘史》记载，早在1260年成吉思汗建立蒙古汗国之前，蒙古族各部落的祭山活动就已比较普遍了。蒙古族祭天、祭地、祭敖包等祭祀活动，客观上反映了蒙古人对自然生态规律的认知和把握，认为只有不断地适应和尊重自然，才能利用和保护好自然，使"长生天"赐予的自然资源得到永续利用。

宝格德乌拉敖包建于清代，清乾隆四年（1739年）开始祭祀，占地面积653.5平方米，由13个敖包组成。由中心敖包向东

远景

北、西北、东南、西南方向各排列3座小敖包。中心主体敖包直径8、高5米；小敖包直径2.5、高4米。

敖包也称脑包、鄂博，系蒙古语"堆子"的意思，通常建在山顶、隘口、湖畔、路旁等显眼的地方。敖包有盟、旗、苏木敖包之分，这类敖包也称"官祭"敖包，参加的人数一般较多。除此之外的大都属于姓氏敖包或一家独祭的家庭敖包，一般仅限于氏族的成员及亲属参加，故参加的人数较少。呼伦贝尔草原上各式各样的敖包大约有几百个，其中最著名的首推"官祭"敖包——宝格德乌拉敖包。

宝格德乌拉在巴尔虎蒙古族牧民心中占有极其崇高的地位，体现着游牧民族自古以来追求"天地人合一"的崇尚自然的哲学思想。牧人视敖包为草原的保护神，祭敖包是为了"向天神求雨，向地神求草"，"求天神保佑风调雨顺，求地神保佑牧草繁茂畜群兴旺，求人间神灵保佑国泰民安，岁岁太平"之意。从象征意义上来，说石堆代表着高山，树枝代表着森林，是蒙古先民由森林走向草原后的一种祭祀山林的延续，这里是天地山川神祇的栖息之处，也是祖先魂灵要回去的圣地。也有传说称插在敖包石堆上的柳树枝是"宇宙神树"，高高的柳树枝在此离天最近，通过它们人才能与苍穹沟通，表达自己的意愿。

在多年堆积的敖包石堆前，人们能够

看见和触摸到前人留下的遗迹，其内心会觉得无限亲切。圣山自然有神威，人们走上山顶祭敖包时都会觉得这里有一种凛冽威严的气势，令人不敢轻易在圣山上嬉戏喧笑。宝格德乌拉敖包每年由新巴尔虎右旗和新巴尔虎左旗在此轮流主持祭祀和佛事活动，是呼伦贝尔市地区最大的敖包祭祀活动地。

敖包近景

44 莫力达瓦达斡尔族自治旗布特哈八旗总管衙门斡包

撰稿：呼德尔　郭旭光
摄影：郭旭晟

莫力达瓦达斡尔族自治旗重点文物保护单位。

位于莫旗尼尔基镇七家子村北约1.5公里处，达斡尔民族园东侧山上。

布特哈八旗总管衙门斡包遗址形制为圆形山包状，由石块堆积而成，面积为142.22平方米，前有祭祀台。斡包底周长32米，高度为3米，西北侧有三棵挂有红、黄、白、蓝布条的神树。

清代，布特哈地区先后隶属黑龙江将军布特哈总管、布特哈副都统、布特哈西路总管衙门管辖，清末划为西路布特哈总管辖地，故称"布西"。

布特哈八旗总管衙门设立于清朝康熙二十八年（1689年），是清朝统治者将达斡尔、鄂温克、鄂伦春三部族编佐入旗的标志，驻防于宜卧奇。八旗分别为都伯沁扎兰的镶黄旗、墨尔根扎兰的正黄旗、讷莫尔扎兰的正白旗、阿尔拉阿巴的正红旗、涂克敦阿巴的镶白旗、雅鲁阿巴的镶红旗、济沁阿巴的正蓝旗、托信阿巴的镶蓝旗，八旗共九十二佐。同年，布特哈八旗总管衙门设立总管祭坛官斡包，每年

阴历五月份由总管主持祭奠仪式，祭祀天地山川神灵，祈求风调雨顺、平安吉祥。经历了三百多年的沧桑变迁，斡包祭祀已经成为达斡尔民族的传统文化礼俗活动。

祭斡包

斡包正面

近现代

　　呼伦贝尔近代遗址是伴随着沙俄、日本的入侵而留下的。20世纪初期，沙俄修筑中东铁路，在呼伦贝尔滨州铁路沿线遗留下大量该时期建筑遗址，除铁路、桥梁、隧道等铁路本身建筑外，沿线车站如满洲里、海拉尔、博克图、扎兰屯等还附属许多铁路工作人员所使用的民用建筑。据统计，该类遗址有三百余处。这些建筑大部分建于1903～1909年中东铁路修建通车后。俄式建筑群有木刻楞、石砌建筑、砖木建筑等形式，有车站、公寓、度假休闲娱乐场所、教堂、监狱等。中东铁路俄式建筑群已有近百年历史，原貌保存大都较好，至今仍在使用。

　　另一部分近代遗存是"九·一八"事变日军占领东北后遗留的战争遗址、工事群、建筑旧址等，有一百余处。现存战争遗址及工事群四十余处，建筑旧址两百余处。战争遗址以诺门罕战争遗址、巴彦汗毒气实验场为代表，工事群以海拉尔要塞、绰源日军机场和机库、乌奴耳要塞、扎兰屯日军仓库等为代表，建筑旧址则大都分布在海拉尔、扎兰屯等中心城市。诺门罕战争是二战时期日本、苏联在远东发生的一场规模较大的战争。也是世界军事史上的第一次立体战争，此次战争以日本战败而告终，导致日本关东军向西侵略的企图彻底落空。日本史学家称这场战争为"日本陆军史上最大的一次败仗"。

‖45‖ 海拉尔区成德公故居

撰稿：呼德尔　哈达
摄影：赵彦嵩

呼伦贝尔市重点文物保护单位。

坐落在海拉尔区西大街110号。

成德公故居建于清代，四合院建筑，占地面积500平方米，主房建筑面积130平方米，主房的东、西两侧为厢房，厢房长10、宽6.4米，面积64平方米,均为砖、瓦、木结构。砖以红砖为主，房山、房檐和窗框都镶有红砖、木头雕砌成的精湛的雕饰，正房的"屋脊"设计独特，上面是精致的砖雕，线条和造型高雅，当年住在海拉尔、南屯、莫和尔图等地的达斡尔人都称该房为"乌兰格尔"，居住在那里的

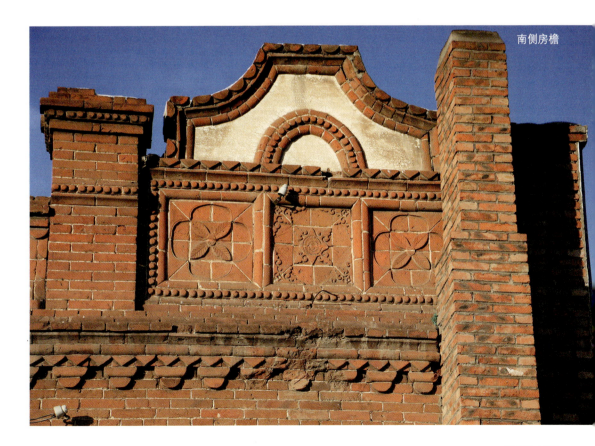

南侧房檐

南侧局部

人称红房子的人。

成德公，原名龙奔，达斡尔族，敖拉哈拉氏，生于清光绪元年（1875年），原索伦左翼正白旗人。1920年1月，成德任呼伦贝尔副督统左厅厅长，被封为镇国公，后担任东北行政委员会顾问、黑龙江省督军公署顾问等职。1931年后，日军占领东三省，成立"满洲国"，成德公拒绝入仕"满洲国"，在家"养病"，最终病逝家中，终年57岁。

成德公故居现为109地质勘察院所有，在城市建设扩建马路中，该建筑的一大部分被毁坏，东厢房被拆除，主房剩余三分之二，只剩100平方米左右。故居虽然有所破坏，但仍从现存的主房和西厢房能够窥探出当年这座宅子的讲究和精致，房山、房檐和窗框红砖、木头雕饰依然保留。正房的"屋脊"上面还留存一些精致的砖雕，线条和造型高雅流畅。室内的门、窗也保持原建筑风格。

‖46‖ 满洲里市云杉社区二道街、三道街石头楼

撰稿：呼德尔　庞业清
摄影：苗福晖

全国重点文物保护单位。

石头楼四栋，坐落于满洲里云山社区二道街南和三道街北。

石头楼建于1901年，中东铁路西线铺设的同时建造了大量附属建筑，这两座石头楼就是那个时期的建筑。这些以石材为主要建材的楼房主体分为两层，地下一层，建筑风格独特，是俄罗斯砖石结合砌筑墙体的一种建筑形式，俗称"石头楼"。二道街南石头楼1号占地面积约

1228平方米，二道街南2号石头楼约1180平方米，三道街521号石头楼约1702平方米，三道街北石头楼约1082平方米。

建筑为砖石墙体木屋架混合结构，平面紧凑，立面处理较为丰富。窗檐上的欧式花纹充分体现了石头楼高贵典雅的艺术情趣。整体采用虎皮石做外饰面，体现建筑的稳重感；山字形墙为石头楼外部的主要装饰，上缘以红砖包边，下有一红砖砌就的圆形通风孔，其设计之精巧，体现建

云杉社区二道街南石头楼

房檐局部装饰

筑的灵动性。高举架、小窗口，体现出寒冷地区的建筑特性，非对称造型又体现出实用性。

满洲里市南区二道街路南1号石头楼曾为中东路满洲里警务段宿舍，1932年至1945年日伪护路队营房，1946年曾为西满军区办事处，新中国成立后为铁路一公寓，2000年至今为满洲里铁路房产分段。

满洲里南区一道街路南2号石头楼，中东铁路时期及建国后至今一直为铁路乘务员公寓，现为哈尔滨铁路局满洲里公寓。

满洲里市南区三道街521号石头楼曾为中东路时期乘降所，建国后为海拉尔铁路分局公寓，1992年至1997年为铁路公安货场派出所，现为满洲里铁路保安大队。

满洲里南区三道街路北石头楼，中东铁路时期为俄籍铁路员工宿舍，建国后为铁路分局第三公寓，现为哈尔滨铁路局满洲里公寓。

屋顶局部

全景

‖ 47 ‖ 牙克石市隧道坐标点石碑

撰稿：洪萍　邵德光
摄影：邵德光

全国重点文物保护单位。

位于牙克石市博克图镇博西居委会三区301国道兴安岭段1082公里320米南80米山坡上，即兴安岭铁路隧道山顶中部。

1901年为开凿兴安岭铁路隧道而修建，石质结构，碑底呈正方形，边长2.85米，占地面积8.13平方米，由底至顶渐收，呈阶梯状，共7层，高17.2米。传说此碑为纪念修建兴安岭铁路隧道女工程师沙力所建，因而也称沙力碑。

关于工程师沙力有这样的一个传说，这位女工程师是兴安岭隧道的设计者和施工组织指挥者之一。修筑中东铁路西段必须穿越层峦叠嶂的大兴安岭山脉，多次勘测，几易方案，铁路还是无法穿越这密集的峰峰岭岭。尽管设计了大曲线环型盘山道，线路还是难以越岭前伸。一群来自俄国的专家们面对这一难题苦无良策，一筹莫展。就在人们望山兴叹的时候，他们中间的一位女工程师提出了开凿长大隧道的设想。就当时的筑路技术，修建这样的长大隧道不是一件容易的事。这位女工程师不但有设想，而且自告奋勇承担了整个设计重任。不久，她便拿出一套完整的设计方案，得到同行们的赞同，当即拍板定案。凿山筑隧工程开始了。这位女

工程师亲临现场参与施工的组织指挥，采用山体两侧同时相对施工、最后连接贯通的方案。工程进展一直很顺利，终于接近贯通之时，所有施工的组织指挥者和工人都在期盼这一令人振奋的壮观时刻。尤其是这位女工程师，此时心绪纷繁，喜悦中带着紧张，期待里夹着不安。按设计计算贯通的时间到了，她手捧设计图，几乎屏住呼吸等待两侧工人的会师。时间一分一秒地流逝，女工程师的心跳在加速，然而什么事情都没有发生。人们开始生疑，女工程师的心里更是忐忑。她比谁都明白，这不像是时间计算上的误差，很有可能是施工方向的错误。如果真的像她所担心的那样，山体两侧施工偏离了方向，在山体内形成了不在一条直线上的两股坑道，这个责任之大、损失之重是难以估计的。当天夜里，她带着无限的遗憾自我了结了生命，长眠于异国他乡。就在她自杀后的第二天，隧道贯通了，而且分毫不差。全体施工人员欢呼雀跃，欣喜若狂。同行们为了缅怀这位女工程师，在隧道相接处的山顶上就地取材垒起石碑。

2008年，牙克石市人民政府投资3万余元进行了全面维修，恢复了原貌。

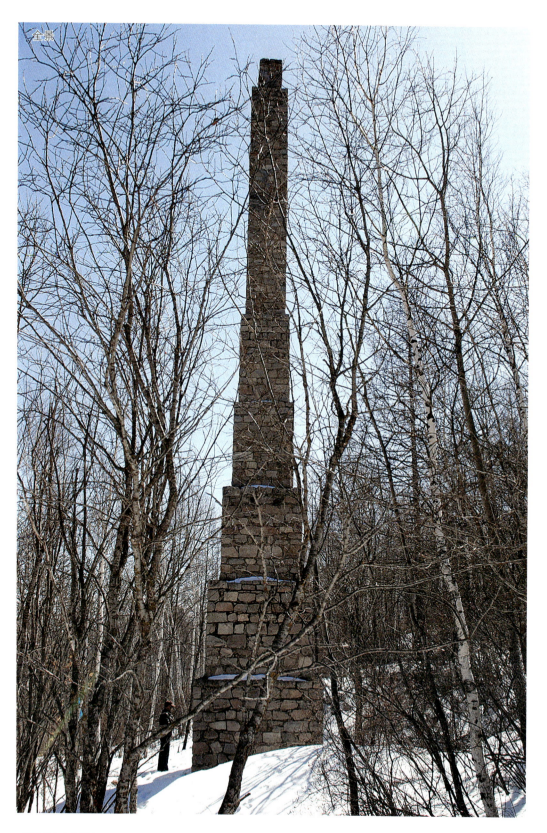

‖48‖ 满洲里市东北民主联军西满军区驻满洲里办事处

撰稿：呼德尔　马志超
摄影：庞业清

全国重点文物保护单位。

位于满洲里市南区二道街与立交桥路交汇处，建于1903年，属俄罗斯砖木结构单层建筑。20世纪50年代曾为铁路医院，1962年为铁路工务段办公室。2006年至今为哈尔滨铁路局齐齐哈尔机务段乘务员公寓。

建筑为坐北朝南，面积约895平方米，其特点是门窗洞口两侧边镶嵌仿石砌块，拱券中心嵌入重叠的拱心石。建筑平面较灵活，房屋进深大小自由，在平面转折处，巧妙的设置八角空间形成270°开阔的瞭望视野。在外墙面适当位置设白色浅壁柱，与窗洞口白色仿石砌块形成简洁明快的装饰效果。棕红色铁皮屋面，米黄色墙面，明快轻盈，充分体现了俄罗斯砖

外景

门窗局部

木结构建筑惯用的风格特征。

　　1946年11月，奉中共中央东北局的命令，西满军区驻满洲里办事处成立，首任处长为从延安来东北、后任中国国际贸易促进委员会会长的贾石同志。

　　为支援国内解放战争，有效缓解东北解放区军需民用物资的供给不足，发展对苏贸易，西满军区驻满洲里办事处担负起了历史的重任，当时主要任务是办理对苏联的进出口货物的交接、调拨、货物换装、国内押运、落地货物的保管、警卫等。出口物资主要是小麦、大豆、猪肉等，进口物资主要有煤炭、食盐、布匹、汽车、汽油和军用物资。办事处率领工人们在没有机械设备的条件下，冬战严寒，夏战酷暑，夜以继日，突击作业。办事处贾石、常彦卿等领导同志带头参加装卸，调动了干部、职工、部队指战员的工作热情，做到进出口物资及时输运，保证了进口物资及时、安全地发运到东北解放区，为夺取全国胜利作出了贡献。

‖49‖ 满洲里市富华社区一道街南木刻楞建筑

撰稿：呼德尔　马志超
摄影：马志超

全国重点文物保护单位。

满洲里市富华社区一道街南分部着四座木刻楞建筑。

四座木刻楞门牌号分别为1、2、3、4号，建筑建于1903年。该建筑群原为中东铁路员工住宅，2001年住户迁出后作为商业用途。四座建筑均坐北朝南，占地面积分别为1号木刻楞约190、2号木刻楞约600、3号木刻楞约498、4号木刻楞约825平方米。

木刻楞住宅的特点是宽大结实、式样美观、冬暖夏凉、简洁实用、建造简便而

4号木刻楞

全景

且构造合理，通风采光好。四座木刻楞为典型的原木与垂板相结合的俄式木屋。木屋在勒脚之下选用大块石料做基础，中间用粗长原木叠垒成墙壁，上部房檐、门檐、窗檐是装饰重点。木刻楞以木材为主，因特殊的墙体无法进行装饰，工匠们就用木板钉就窗檐、门檐和房檐，在这"三檐"上，雕刻多种多样的图案，做工精致。下部是稳重而平滑的石头材质，中部为质朴亲切的原木，上部用精雕细刻的板材，烘托出细巧中见粗犷、华丽中透质朴的艺术效果。原木漆成橘黄色，既防腐，又突出了暖色调，充分展示了原木的魅力。黄、绿色的搭配与周边草原树木融为一体，使得建筑具有浓郁的地方特色。

‖50‖ 满洲里市文明社区一道街59号木刻楞

撰稿：呼德尔　马超
摄影：庞业清

全国重点文物保护单位。

位于满洲里市区一道街59号，建于1909年，初为沙俄政府驻满洲里办事机构。1921年，前苏联远东共和国驻满洲里代表处居此。1922年至1923年，为驻满洲里俄罗斯社会联邦共和国代表处。1923年至1956年为前苏联驻满洲里领事馆招待处。1956年至1997年，满洲里市牧民招待所。1997年至今对外租赁，现为饭店和旅店。

该木刻楞建筑坐北朝南，典型的俄式木刻楞建筑，面积约为1442平方米。

木刻楞具有冬暖夏凉，结实耐用等优点。木刻楞房地基都是石头水泥砌筑，墙体在地基上用原木层层垒压，粗的原木放在下层，一层一层地叠垒，修建木刻楞房一般情况下不用铁钉，通常都用木楔，先把木头钻个窟窿，再用木楔加固。木刻楞被称为立体彩色雕塑，建筑材料为石材、木材两大类。木刻楞基础为大块石料，中间是圆木叠摞，房檐、门檐、窗檐运用木雕和彩绘工艺，由此产生稳重平滑，质朴亲切，精细耐看的"三部曲"视觉美感。

办事处全景（西—东）

‖51‖ 满洲里市文明社区一道街64、66号木刻楞

撰稿：呼德尔　苗福晖
摄影：马志超

全国重点文物保护单位。

位于满洲里市通铁路西，市区一道街64、66号，东为满洲里客运站。

木刻楞房建于1903年，为典型俄式木屋，坐北朝南，64号木刻楞占地面积约846平方米，66号占地面积约695平方米。其装饰除显示出材质固有的色彩的不同外，还注重了人为表面色彩的处理。这种处理主要体现在中部墙体和"三檐"木质材料的彩绘上。彩绘通常以同类色为主，中部墙体多为暖色调的金黄色，"三檐"则采用冷色调的蓝、绿、浅绿等，这种冷暖色调的搭配使木刻楞显得清雅秀丽。而房顶多为"人字形"尖顶，铁皮涂紫或棕色，充分考虑了房顶与房檐下彩绘的颜色搭配。

木刻楞从墙基到房顶，多种色彩的交相辉映，从视觉上形成了一个更大的色彩整体，使观赏者获得一个既朴实又高贵，既对比又谐和的效果。两座建筑曾为中东铁路机务段高级技术人员寓所，1953年，中长铁路移交中国，前苏联技术人员回国后至今为满洲里铁路员工住宅。

64号木刻楞

‖52‖ 满洲里市云杉社区一道街369、389号木刻楞

撰稿：呼德尔　苗福晖
摄影：马志超

全国重点文物保护单位。

位于满洲里市云山社区一道街369、389号。

该建筑曾为中东铁路高级职员寓所，建国后为铁路职工住宅。建筑为典型俄式木屋建筑，368号木刻楞占地面积约为471平方米，389号木刻楞约846平方米。

在满洲里这种具俄罗斯民族特征木结构住宅很常见，墙体用木板制作，内填充石灰木屑保温，人字形屋架，铁皮屋顶，朴实无华，在天然木色为主基调的氛围内，檐口、门窗洞口周边，镶以别致的木质彩色饰件，古朴典雅，生活气息浓郁，给人以协调、温馨之感。门窗点缀的木质雕花仍依稀残存着斧凿加工过的痕迹，明显地流露出俄罗斯民族的粗犷性格和审美情趣。

389号木刻楞

53 满洲里市云杉社区二道街497号石头楼

撰稿：呼德尔　苗福晖
摄影：马志超

全国重点文物保护单位。

位于满洲里市南区二道街497号。

石头楼主体为两层，坐北朝南，面积约为864平方米。1903年中东铁路开始运营时，满洲里是铁路机、车、工、电等各站段的中心站区，员工人数较多，铁路当局先后建立了若干个铁路员工宿舍，以满足员工生活的需要。

正面

侧面

　　该建筑为石墙体木屋架，铁皮屋面，四坡顶，平面简洁，在局部墙及窗的装饰处理上皆具特色。这座建筑当初是中东铁路员工宿舍，作为中东铁路机务待乘室使用，建国后为铁路分局第二公寓，现为满洲里铁路机务段职工食堂。

‖54‖满洲里市云杉社区二道街北东、西木刻楞

撰稿：呼德尔　马志超
摄影：庞业清

全国重点文物保护单位。

　　主要分布在市南区的一、二道街和市北区天桥下的头道街、二道街。

　　中东铁路是由俄罗斯工程师设计的，它不可避免的将俄罗斯文化渗透其中，并与亚洲文化相融合。这两座木刻楞均坐南朝北，门户北开，总面积约为1047平方米。俄罗斯木刻楞建筑依托广袤的森林资源，就地取材，是俄罗斯独特的建筑方式。陡峭的屋顶，便于清除厚重的积雪；窗门、门廊点缀着花雕，无处不体现出俄罗斯民间人工斧凿的艺术趣味。粗糙中透着质朴，原始里流着清纯，木屋呈现出俄罗斯民族特有的粗犷性格和审美情趣。橘黄色的色彩给人以温暖、向上的视觉冲击。

　　该建筑原为中东路员工宿舍，新中国成立后至今一直为铁路职工住宅，现被出租，作商业使用。

西侧

东侧

西木刻楞

正面

‖55‖ 满洲里市沙俄监狱旧址

撰稿：呼德尔　哈达
摄影：苗福晖

全国重点文物保护单位。

位于满洲里市南区天桥社区四道街与天桥路交汇处。

该建筑始建于1903年，1908年投入使用。典型俄式石头建筑，面积约7400平方米。因院墙和院内楼房均为石头砌筑，所以俗称"石头楼监狱"。该建筑四周围以院墙，院墙高3米多，四角设有木制岗楼，半圆形状大门向南开，东侧大门为后来所开。

沙俄监狱旧址由监狱主楼、东平房、西平房三座建筑组成。

沙俄监狱主楼位于沙俄监狱院内，坐北朝南，典型俄式石头建筑，面积714平方米。地上两层，地下一层，铁皮屋顶铁盖，二楼西侧为宽敞的审判庭，东侧为男监舍。一楼设有轻型犯牢房、警卫室、医务室、接待室、厨房。地下室包括水牢、重型犯牢房、刑讯室、惩戒墙、暗牢等。

沙俄监狱东平房位于沙俄监狱院内，呈南北走向，外墙漆为黄色，深红色铁皮屋顶。面积330平方米，当时曾为女监舍，关押的女犯人最多时不超过10人。女犯人主要成分是暗娼和投机倒把

东平房

主楼

西平房

的妇女，女政治犯也关押在这个监舍。女犯人相对自由些，她们服刑期间，大多从事一些浆洗、缝纫、熨烫和给管理人员理发等工作，刑期不长，多为3个月至12个月之间。

西平房位于沙俄监狱院内，俄式石头建筑，呈南北走向，面积199平方米。当时北屋为洗衣房，主要任务是给管理人员洗被单、衣服等。南屋为浴室，来浴室洗澡的是监管人员和被特批的女犯人。

1932年日本关东军占领满洲里，监狱成为关东军军用粮库。1948～1988年铁路部门将监狱改为铁路小学，1988年后闲置，2005年修建为沙俄监狱陈列馆。

‖56‖ 满洲里市区俄式水塔

撰稿：庞业清　呼德尔
摄影：苗福晖

全国重点文物保护单位。

位于满洲里市一道街铁路南侧，建于1903年，为中东铁路时期的储水给水设施。1998年8月停止使用。

典型俄式建筑，石砖木铁结构，塔高22.24米，塔身直径为8.66米。地处铁路轨道北侧，塔旁2米处有一座10平方米的给水员值班室。铁路给水塔是为供给蒸汽机、列车、生产和沿线职工生活用水而设置的，其中，机车用水占有重要位置，所以建筑水塔成为铁路建设诸工程之先。中东铁路修建时，根据机务段位置和机车用水量，每25～30公里设置一个给水站。中东铁路水源以江、河、溪为主，扬水机械以锅炉蒸汽带动华氏泵，水塔系木制或砖石砌成。

这座水塔为砖木结构。塔身用砖石砌成，塔端水箱部分以木结构建造，外部饰以丰富的木质花饰，整体色彩艳丽明快，体现了俄罗斯建筑风格的特征。特别是巨大的托檐石，提升了水塔的稳定感和亲切感，使原本具有特殊功能性的水塔，成为一处独特的景观。

全景

‖57‖ 海拉尔区海浪车站旧址

撰稿：呼德尔　马奎生

摄影：赵彦嵩

内蒙古自治区重点文物保护单位。

位于呼伦贝尔市海拉尔区靠山街道办事处牡丹居委会南500米处，海拉尔车站西侧、站前广场东侧，为二层石头楼，现为海拉尔铁路办公楼。

海浪车站，建于1903年，当时是东清铁路海浪车站的调度楼。该楼主体部分为二层楼，平面为12米边长的正方形，总占地面积为264平方米，该建筑属俄式建筑。主体楼东侧利用东墙建有附属建筑，与主体建筑成为一体，该建筑单层，长12、宽10米，在主体建筑东墙上方北端刻有"海浪"二字。

1896年沙俄为达到侵略中国东北的

外景

二楼会议室

一楼楼梯

目的，与清政府签订了《中俄御敌互相援助条约》（简称《中俄密约》），清政府允许俄国修筑从赤塔经过东北连接沙俄符拉迪沃斯托克（海参崴）铁路的"东清铁路"。东清铁路又称中国东省铁路，后改称为中东铁路。呼伦贝尔境内的铁路于1899年春季动工，1902年1月通车，1903年7月正式运营。当时修筑东清铁路起名时，中俄双方有约定：车站所在地延用其原地名。当时不懂汉语的俄国人误把"海拉尔"译写成"海浪"，并在调度楼上方刻上中俄文"海浪"。中东铁路通车运营后不久，发现"海浪"的发音错误，便订正为"海拉

尔"，并标在地图上。1966年"文革"初期，俄文"海浪"被用水泥抹上，汉字"海浪"至今保存，已走过了百年。

‖58‖ 牙克石市伊列克得俄式木刻楞群

撰稿：高鑫
摄影：高鑫

牙克石市重点文物保护单位。

位于牙克石市乌奴耳办事处伊列克得居委会，地处伊列克得车站东北300米。

2007年，第三次全国文物普查，牙克石市文物管理所对此进行了调查。

该木刻楞群共三座房屋：从东至西编为1号、2号、3号。木刻楞建于1903年，是沙俄修筑中东铁路时期建筑的房屋，木质结构，平面呈长方形。1号东西长21.2、南北宽10、总高6.3米，占地面积212平方米，共两层，一层为石砌，宽度是二层的二分之一，高3.3米。2号东西长20.1、南北宽9.5、总高7米，占地面积190.95平方米，共两层，一层为石砌，宽度是二层的二分之一，高3.5米。3号东西长12.2、南北宽10.7、总高4.1米，占地面积130.54平方米，底座为石砌，高0.8米。三座木刻楞造型设计相同，典型俄式木砌房屋，原木叠建，其间垫有茸辫子，外表用宽20厘米，厚3厘米的木版镶饰，房顶由俄制铁皮覆盖，门窗边框、房檐及房屋上半部分用彩色雕塑漆绘。

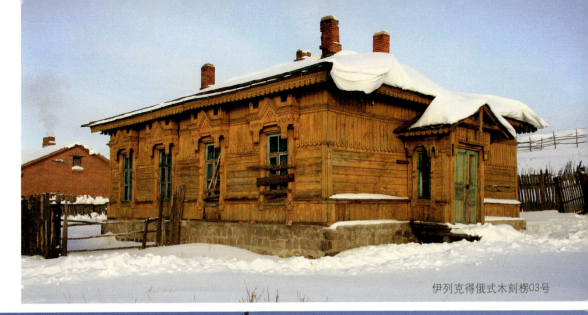

伊列克得俄式木刻楞03号

伊列克得俄式木刻楞远景

⫼59⫼ 牙克石市免渡河中东铁路桥 —————

撰稿：高鑫
摄影：高鑫

铁路桥东立面

牙克石市重点文物保护单位。

位于牙克石市免渡河镇免辉居委会五区东南2.5公里。

2007年，第三次全国文物普查，牙克石市文物管理所对其进行了调查。

此桥始建于1903年，1905年投入使用，南北走向，是中东铁路设施之一。该桥由于年久失修，加之桥无伸缩缝，石料风化松动，于1983年10月铁路线转线，变更为公路桥，现正在使用。桥长150、宽5、高7米，面积750平方米，为沙浆砌石，砌料不镶面，十洞石拱桥。桥两侧砌有宽0.3、高0.3米护栏。在桥北入口东15米处有碉堡遗存一座，为侵华日军守护大桥而浇筑，直径2.7米，周长8.7米，原高5米，厚0.4米，于1958年被拆除，仅剩高0.6米的残存。

免渡河中东铁路桥见证了中东铁路的通车，见证了中东铁路在清末、民国、日伪时期、新中国的历史，是沙俄、日本侵占我东北领土、奴役我东北同胞的历史见证。

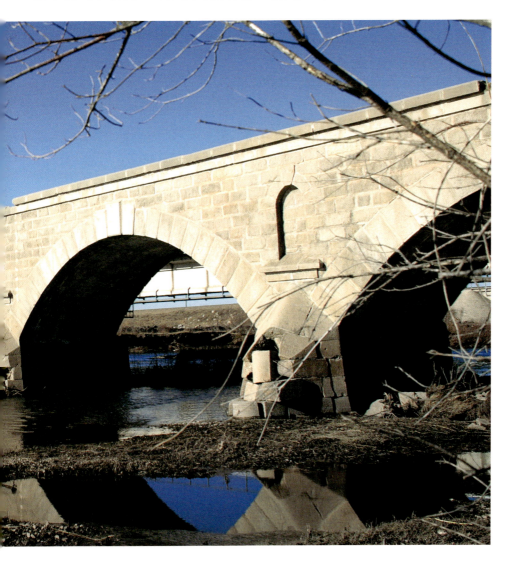

‖60‖ 牙克石市新南沟俄式木刻楞群

撰稿：邵德光
摄影：邵德光

牙克石市重点文物保护单位。

位于牙克石市博克图镇博西居委会三区八组，新南沟线路工区西南10米处（海拉尔工务段房产16号）。

新南沟俄式木刻楞群包括两处木刻楞，分别为1号、2号木刻楞，始建于1903年，是沙俄修筑中东铁路时期建筑的房屋，木质结构。1号木刻楞平面呈长方形，坐北朝南，东西最长17.3、南北宽10.4米，占地面积179.92平方米，蓝墙绿顶；2号木刻楞平面呈长方形，坐西朝东，南北长13.6、东西宽7.1米，占地面积96.56平方米，红墙绿顶。两座木刻楞都是典型俄式木砌房屋，圆木叠建，圆木之间垫有草辫子，外面用宽18、厚3厘米的木板镶饰，房檐、窗檐、门檐上饰有镂空雕刻，图案多为卷云纹或波浪纹，也有几何纹。这些雕刻图像多种多样，做工精细，犹如一朵朵在枝干和绿叶陪衬下盛开的鲜花。木刻楞中的木材质"墙"，用长条木板钉就，这些貌似简单的直线状构图，尤其是墙体中部的装饰木雕刻，显得更为精彩。木刻楞房顶为四面坡和人字屋顶，由原俄制铁皮覆盖。房屋产权属海拉尔铁路工务段，现为新南沟线路工区仓库。

木刻楞（1号）南立面

木刻楞（1号）北立面

撰稿：邵德光
摄影：邵德光

全国重点文物保护单位。

位于牙克石市博克图镇博西居委会三区，1901年由俄国工程师鲍恰洛夫等设计督建。起于滨洲铁路兴安岭隧道东入口559公里0米，止于博克图段553公里625米，全长6.625公里。

中东铁路哈满线由东向西过博克图后，进入大兴安岭腹地，群山叠嶂，峰岭相依，兴安岭铁路隧道东侧山岩陡峭，东侧洞口至雅鲁河谷落差大，为使铁路穿山绕岭，越岭螺旋展线需逐渐加高路基，修筑了绕山而行的螺旋展线，故展线需自下而上盘旋至川岭进入兴安岭隧道东入口。在修建螺旋展线和兴安岭铁路隧道的同时，新南沟还修筑了一条隧道，当时称之为"兴安岭石头瓮道"，是穿越兴安岭线路的组成部分，为螺旋展线绕山行进的必然建筑，因螺旋展线的起点与隧道东口的线路标高相距悬殊，故在展线绕行中于滨洲铁路544公里020米处，上下线路交叉，下部线修筑了71.10米的立体交叉式隧道，以使线路在此穿过而抵兴安岭隧道东口。在展线立体交叉式隧道两侧端口，于1903年修建钢筋混凝土巨型新南沟碉堡2座，东侧碉堡占地面积168平方米，西侧

碉堡占地面积318平方米，有多角度窥望孔，射击孔和厚重铁门及地下通道形成铁路防御体系。2007年9月29日，博克图至牙克石区段复线改造及沙力隧道开通运营后，兴安岭螺旋展线停止使用。

║62║ 牙克石市兴安岭铁路隧道

撰稿：朱志卓
摄影：朱志卓

全国重点文物保护单位。

位于牙克石市乌奴耳办事处兴安岭居委会，兴安岭车站东300米，即滨洲西线561公里262米（兴安岭站上行出站处）。

1901年始建，1903年贯通，1904年正式通车。隧道东西走向，穿越大兴安岭主峰，横贯至川岭工区和兴安岭车站之间。隧道地质为坚硬的花岗岩结构，全长8078米，洞口宽8、高7米。隧道东西入口拱顶上部为秘密防御工事，内分布扇形单兵步枪射击孔，入口两侧灌注坚固碉堡，西入口为兴安岭碉堡，东入口为川岭碉堡。兴安岭铁路隧道是中东铁路较大的建筑工程之一，线路标高920~960米之间，该隧道双曲断面，单线行车。兴安岭西坡倾斜度较小，设兴安岭站，东坡倾斜度大，山岩陡峭，由隧道东口至雅鲁河谷，填筑提高路堤，以迂回山麓，绕行2公里多螺旋形展线。

1896年中俄双方签订《中俄御敌互相援助条约》即《中俄密约》，沙俄攫取了黑龙江、吉林两省直达海参崴的东省铁路的修筑权。1897年，沙俄工程师普罗新斯基第一次勘测线路时，提出修筑隧道穿越兴安岭的设想。1899年，中东路西线筑路工程开始后，担当兴安岭铁路隧道及螺旋展线工程的第四施工区主任鲍恰洛夫工程师又作了一次实地勘测，决定修筑兴安岭铁路隧道。1900年初开工，东西两口同时开凿。1903年，兴安岭隧道贯通。

兴安岭铁路隧道在历史上曾两次险些被炸毁。一次是1932年，日军混编第14旅团沿滨洲线向博克图进犯，企图一举穿过兴安岭隧道进入呼伦贝尔草原。东北抗日救国军总司令苏炳文在率部撤入苏联境内前，命少校营长张国政将两节装满石块的车厢隐藏在隧道内，伺机利用隧道下坡道撞击日军追兵。日军占领博克图后，乘装甲列车向兴安岭方向追击。行至隧道东侧螺旋线时，发现线路已被破坏，只得停车抢修线路。这时，埋伏在隧道内的抗日救国军士兵立即将块石车顺坡溜放。两节装满块石列车冲出隧道后，沿螺旋线向日军装甲列车飞奔。为保住装甲列车，日军奋力扒开一节钢轨，疾驰而下的块石车虽未撞上装甲列车，但在脱线时触及地雷，抢修线路的数十名日军全部丧命。第二次是1945年，苏军出兵东北，近卫坦克第5军先头部队到达兴安岭铁路隧道，为阻挡苏联红军的进攻，日军派出工兵大队，从隧道入口处开始向隧道内部埋设地雷1537颗。当苏军近卫坦克第5军的第一辆坦克靠近兴安岭隧道口时被炸毁。苏军工兵排除了隧道内的反坦克雷、步兵绊发雷等，兴安岭隧道安然无恙。

兴安岭铁路隧道是全国较大而又最早修筑的铁路隧道之一，是各国工程技术人员智慧和广大中国劳工汗水的结晶，体现了超越时代的工程水平，在全国铁路中也以高龄和险要而著称。新中国成立后，哈尔滨铁路局不断加大对兴安岭隧道的整修和改造，使百年隧道旧貌换新颜。

碉堡内部

隧道西入口

‖63‖ 牙克石市中东蒸汽机车水塔

撰稿：包洪涛　朱志卓
摄影：朱志卓

牙克石市重点文物保护单位。

位于牙克石市永兴街道办事处永强居委会，牙克石火车站行李房西侧20米。

2007年第三次全国文物普查，牙克石市文物普查队对其进行了调查。

该水塔建于1903年，是中东铁路设施之一。水塔呈壶状，平面呈圆形，总高21.40米，占地面积42平方米。底座为石砌，高1.80米，周长26米；塔身为砖砌，高7米。塔端水箱高7.4米，容积量240立方米，中间部分为铁结构建造，外部饰以木质装饰，整体色彩体现俄罗斯建筑风格。塔顶高5.20米，为俄式木质伞状。1995年蒸汽机车更新换代为内燃机车，水塔停止使用。

水塔是用于储水和配水的高耸结构，用来保持和调节给水管网中的水量和水压。主要由水柜箱、基础和连接两者的塔身组成。

20世纪初期铁路是蒸汽机时代，火车动力来源于锅炉燃烧煤炭给水加热产生的蒸汽。为给过往的机车加水，同时满足站区人员的生产和生活需要，沙俄在中东铁路沿线修建了大量水塔。这些百年的水塔在历史变迁中，有的还在服役，有的废弃荒野，有的已经消失。

水塔上半部

‖64‖ 牙克石市蒸汽机车水塔

撰稿：包洪涛　高鑫
摄影：高鑫

全国重点文物保护单位。

位于牙克石市博克图镇博铁居委会二区,铁路机务段院内东南。

建于1903年,是中东铁路设施之一。该水塔占地面积42平方米,蒸汽机车水塔总高28米。石砌底座高2.40米,周长26.20米;塔身高8.74米,周长19.96米;金属水箱高12.89米,容积量240立方;塔顶高3.97米,为俄式木质伞状装饰。水箱呈壶状,平面呈圆形。钢结构框架,圆柱壳式水箱,箱底为锥形。塔身为红砖砌成,塔身和水箱结合部环绕十几个长方形孔洞,像射击孔一样,水塔如此设计是兼有防御作用的。平时瞭望观察,有突发情况当炮楼使用。塔身中部有四个小窗户,增强采光度。塔基为大青石整齐垒成。

中东铁路时期的水塔,外形带有浓郁的俄罗斯建筑风格,典雅别致。塔身用砖石砌筑,塔顶水箱为木结构,水箱壁为双层木板,内贴毛毡,造型精美,各具特色,有的外壁还有木雕装饰,顶部水柜用双层铁板焊成。出于保温需要,窗户都设计得十分狭窄。当时水塔水源以江、河、溪水为主,并设置了水源井。水源井有大口径浅井、集水井和管井三种。大口径浅

井结构简单,以石、砖、木砌成,井深10米左右,直径4米至5.5米;集水井都设在较大的江河岸边,将水引入容水池内净化。这两种井的井水含有杂质,不适于饮用。管井是深水井,井深大约在50米以上,其水源充足且杂质少,清凉甘甜,适合饮用。

1995年,蒸汽机车换代为内燃机车,水塔停止使用。

水塔全貌

‖65‖ 牙克石市百年段长办公室

撰稿：洪萍　朱智卓
摄影：朱智卓

全国重点文物保护单位。

位于牙克石市博克图镇博铁居委会二区五组，水源街与文化路交叉口东侧。

建于1903年，是沙俄中东铁路满洲里至安达区段机务段长办公室。俄罗斯建筑风格显著，砖木结构，坐北朝南，南北长24.25、东西宽12米，平面呈长方形，建筑面积291平方米。室内设段长室、教育室、技术室、众务室、夫役室、仓库、卫生间等。1903年机务段属中东铁路管理，段长葛鲁库佑夫。1936年10月伪满洲国将国有铁路委托南满铁道株式会社经营，机务段改为机务机关区，机务段长办公室变为机务机关区长办公室，区长为日本人付再扎次。1946年5月12日，西满铁路护路军司令员郭维成到博克图接收后，授命冯雅斋为博克图机务段段长。1949年10月前苏联人雷诺夫任博克图机务段段长。1950年4月28日，中国长春铁路公司理事会决议，自5月1日起成立中国铁路长春铁路管理局，博克图机务段隶属中长局。

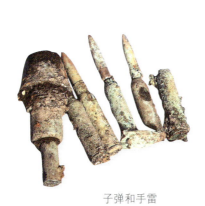

子弹和手雷

段长办公室保留至今，已走过了百年的历史，是沙俄时期留存在中国为数不多的百年典型建筑，被人们称之为立体彩色雕塑，保存完好。斗转星移，岁月流逝，它见证了百年来中华民族遭受沙俄、日本列强蹂躏掠夺的屈辱史，见证了中东铁路的发展轨迹和历次重大历史的变迁，更经历了新中国成长的辉煌历程，不失为一座爱国主义教育的好场所。

2006年4月，清理百年段长办公室原渗水井时，发现侵华日军遗留的防毒面具20余件及酒瓶、日本镐、汽油炉、炭炉等生活用品。

茶杯

百年段长办公室东立面

‖66‖ 牙克石市百年机车库

撰稿：洪萍　朱智卓
摄影：朱智卓

全国重点文物保护单位。

位于牙克石市博克图镇博铁居委会二区铁路机务段院内南侧。

车库建于1903年，因博克图是滨州线牙克石境内唯一的一个区段站，其地理位置重要，来往列车需在此整备机车，故建机车库并设机务段。整体建筑呈扇形，坐西朝东，砖木结构，占地面积7130平方米，俄罗斯建筑风格显著。扇形建筑由20个并列机车库房组成，砖墙坚厚，有铁瓦盖顶，其超大的库房面积在中东铁路沿线是独一无二的。其中1~5号库占地面积2416平方米，6~9号库占地面积1794平方米，10~20号库占地面积2920平方米。现有14个机车库仍在使用，其余六个机车库闲置。

全景

百年机车库不仅规模大，建筑造型也别具一格。每个库房均有拱门圆顶和五六米高的大门。机车库的20个圆顶相连，在正面看呈现出波浪状的壮观景象。机车车库东侧设有机车调转方向转盘一座，直径30米，平面呈圆形，可旋转360度，与各车库轨道连接，现仍在使用。百年机车库就像一把摇开的小扇，小扇的轴心就是调转机车头的大转盘，其伸向每一扇库门的铁轨就是扇骨。这种"三位一体"的完美组合，体现了设计者和建筑者的独具匠心。

百年机车库是中东铁路重要设施之一，也是滨洲线最大的机车库，历史悠久，具有超越时代的工程设计水平。

车库内部

|||67||| 牙克石市博克图警察署旧址

撰稿：洪萍　朱智卓
摄影：朱智卓

牙克石市重点文物保护单位。

位于牙克石市博克图镇博铁社区居委会三区铁路西二道街。

2007年第三次全国文物普查，牙克石市文物管理所对其进行了调查。

旧址建于1903年，原为沙俄中东铁路警察署。建筑为砖木结构，东西最长35、南北最宽14米，占地面积490平方米，俄

罗斯建筑风格显著。

1932年，日军占领博克图后，中东铁路警察署归其所用。1933年，日本在博克图实行法西斯统治，建立殖民统治秩序，实行保甲制，按照《暂行保甲法》，以十户为一牌，十牌为一甲，成立博克图伪满警察分署，主要任务维护当地治安，粮食征收，摊派劳工，讨伐镇压抗日分子等。1934年，颁布《暂行保甲实施规则》，规定每家住户必须在门前悬挂门牌，记载家长姓名、人数

等。保内实行连坐式，各户监视，互相告发。保甲制的实施，是日本统治者镇压统治东北人民和维持巩固殖民统治的重要手段之一。1936年，因保甲制在实施过程中出现弊端，不便于管理，废除保甲制。1938年1月，根据伪满铁路局警护队命令，在博克图车站设立警护分所。1941年，齐齐哈尔铁道局在博克图设警护队，监视中国铁路工人。随时势而设立的这些机构均设在中东铁路警察署。

西南立面

‖68‖ 牙克石市博克图沙俄护路军司令部旧址

撰稿：洪萍　朱智卓
摄影：朱智卓

牙克石市重点文物保护单位。

位于牙克石市博克图镇博铁居委会三区365号。

2007年第三次全国文物普查，牙克石市文物管理所对其进行了调查。

旧址始建于1903年，是沙俄修建中东铁路时的护路军司令部。建筑为砖木结构，共两层，每层六个套间，平面呈长方形，南北长21.7、东西宽11米，总面积477.4平方米。墙表面突出部分为砖砌，

西立面

东立面

其他部分为石砌，水泥勾缝，墙厚0.8米，俄罗斯建筑风格显著。早期因楼内住有12户铁路职工家属，因生活需要搭建火墙取暖，对内墙做了改动。

中东铁路修建以后，沙俄对中国人民的掠夺更加残酷，中国人的生活差距越显突出，这必然引起中国民众的强烈不满和反抗。尤其在义和团运动兴起之后，义和团曾多次拆毁铁路通讯设施，破坏铁路和桥梁。同时为俄国铁路上层职员所雇佣的中国仆役，也常常用怠工和罢工的手段来对抗剥削和压迫。为了"保护"中东铁路和俄国人的利益，自筑路之日起，沙俄便擅自组建了"护路队"进入中国境内，在铁路沿线分段驻扎，强占民地。光绪二十四年（1898年）6月，沙俄政府决定在中东铁路路区非法成立护路军。1920年3月13日，博克图铁路工人参加中东铁路中俄工人联合会举行的全路大罢工，全线

停运。东北地区工人罢工，市民罢市，中国士兵也集会，要求剥夺中东铁路管理局局长霍尔瓦特的权利。14日，乘工人罢工的有利形势，吉林省督军鲍贵卿以中东铁路督办的名义照会霍尔瓦特，解除他在中东铁路的一切特权，并派兵进驻中东铁路沿线各站及各个险要地段，解除已不被新苏维埃政权承认的旧俄国武装，大罢工胜利结束。4月16日，中国护路军解除博克图俄国人护路军武装。1932年，日军占领博克图。1936年，这里又成为日本宪兵队司令部。

博克图沙俄护路军司令部旧址是沙俄时期留存在中国为数不多的百年典型建筑，见证了百年来中华民族遭受沙俄列强、日本帝国主义蹂躏的屈辱史。独特的结构，特殊的建筑风格，在内蒙古地区也可以称之为罕见，被人们称之为立体彩色雕塑。

‖69‖ 扎兰屯市骑兵5师司令部办公旧址暨六国饭店

撰稿：包洪涛　陈林义
摄影：陈林义　哈达

全国重点文物保护单位。

位于扎兰屯市兴华街道办事处铁路居委会，东临铁路职工住宅区，西临呼伦贝尔地方病研究所，南临铁路公务车间，北临民族中学，是中东铁路在扎兰屯市的附属建筑。

司令部办公旧址始建于1905年，建筑面积520平房米。该建筑为俄罗斯砖木结构小型公共建筑，建筑平面及立面均为对称式，坡屋顶，铁皮屋面，竖向长窗，整个建筑处理比较简洁。砖砌檐口的线脚较为丰富，在窗额的装饰和建筑的色彩上体现出俄罗斯民间砖木结构建筑风格，最大特点是二层木制凉亭，色彩艳丽、木围栏及木质纹饰精雕细刻，充分体现出浓郁的俄罗斯文化特色。现开辟为"伪兴安东省历史陈列馆"。

六国饭店原为俄国青年本僚木什金

六国饭店正面

骑兵5师司令部办公旧址侧立面

创办的俄式餐厅。1937年改为雅鲁县副县长、商人吴宪茂经营的六国饭店。主要经营俄、日、朝、中国等中西大菜，重点接待中东铁路、满铁及地方上层人士。现恢复为"六国饭店"。司令部旧址在六国饭店北侧，1937年时为六国饭店的一个住宿区。

1946年5月，撤销纳文慕仁军分区，将其所辖的三个旅在扎兰屯整编为内蒙古人民自卫军骑兵第5师，5师组建后，致力于剿匪和保卫人民政权及土地改革运动，5师师部当时在此办公。

百年前在修建中东铁路的过程中，沙俄在扎兰屯建火车站，同时建有吊桥公园、俱乐部、六国饭店等，形成了中东铁路特有的文化风情。

六国饭店内部

撰稿：陈林义　白志强
摄影：哈达

全国重点文物保护单位。

位于扎兰屯市兴华办事处火车站候车室北侧10米处。

1903年，中东铁路铺设至扎兰屯并设站。扎兰屯站舍由俄籍工程师冯·奥芬别尔格负责建筑施工，建筑面积514平方米，建筑平面布置及形体处理为非对称式，比较灵活、自由，主入口高大的竖向

车站旧址（西—东）

尖拱窗非常具有特色。建筑利用砖块砌成凹凸花饰来丰富墙面和窗楣，房檐的木构架装饰富有俄罗斯传统木建筑的特点。一楼门内有楼梯，一楼南为站长办公室，北为站办公室，二楼为工会、党办。

扎兰屯站，是中东铁路西线一处重要的中间站。地处大兴安岭和松嫩平原结合地带，是中东铁路通过大兴安岭隧道向南进入松辽平原的第一大站。

‖71‖ 中东铁路扎兰屯卫生所

撰稿：陈林义　白志强
摄影：哈达

全国重点文物保护单位。

位于扎兰屯市兴华街道办事处站前居委会。

中东铁路扎兰屯卫生所建于1903年，属俄式建筑风格，建筑面积320平方米，砖块砌筑凹凸的装饰墙转角，同时采用黄白相间等色彩，具有一定的特色，高举架小窗口，体现出寒冷地区的建筑特性，室内取暖用的壁炉现仍在使用。该建筑平面自由灵活，采用了非对称的平面布局形式，建筑外部形态自由舒展，且又高低错落。从建筑的整体形式到建筑外部装饰构件等都处理的极其细致，建筑主体色调采用淡黄色作为主色，白色作为点缀色，使得建筑的轮廓更加清晰明了，淡雅精致。这些细部的装饰构件突出于建筑墙体的外部，不仅增强了建筑的立体感，使得建筑整体外形变得更为凹凸有致，还增加了建筑总体的美感。该建筑整体保存完好。

全景

‖72‖ 扎兰屯市铁路五号楼

撰稿：殷焕良
摄影：哈达

全国重点文物保护单位。

位于扎兰屯市兴华街道办事处铁北居委会。

这座二层小楼，是俄国人在1903年中东铁路通车后，于1908年建成的铁路附属设施。占地238平方米，建筑面积476平方米，砖木结构，属典型斯拉夫建筑风格，原为中东铁路高级技术人员宿舍。20世纪70年代，外墙经过防震处理，原址两侧续建，现为扎兰屯铁路房产分段办公楼，保存完好。

1945～1947年，"五号楼"曾为布特哈旗地下党组织秘密活动地，后为中共纳文慕仁盟工作委员会办公机关，领导纳文慕仁盟及布特哈旗进行土地改革、剿匪、支援前线、建党建政工作。

全景

‖73‖ 扎兰屯市沙俄小学旧址

撰稿：殷焕良　陈林义
摄影：陈林义

全国重点文物保护单位。

位于扎兰屯市兴华街道办事处春雷居委会原铁路小学院内。

建于1920年，属俄式建筑风格，当时称为沙俄小学，建筑面积3208平方米。对称式石砌建筑，在转角处、门厅、窗户边缘等镶以砖砌装饰；门厅处突出于主体建筑，门厅女儿墙呈人字形，建筑主体淡黄色，间饰以白色壁柱，突出建筑立体感，教室内当年用来支撑房梁的工字形铁轨现保持原样，这里曾作为俄国人的青年宿舍和军械修理所。1934年随着扎兰屯成立兴安东省而更名为东清铁道学校。1950年为扎兰屯铁路小学。2009年为扎兰屯实验小学。

全景

║74║ 扎兰屯市中东铁路俱乐部旧址

撰稿：白志强　陈林义
摄影：哈达

全国重点文物保护单位。

位于扎兰屯市兴华街道办事处东风居委会中央北路市委对面。

中东铁路俱乐部旧址建于1903年，建筑面积780平方米，为砖木结构的二层公共建筑，建筑平面及立面均为对称式，坡屋顶，铁皮顶面，层高较高，竖向长窗，整个建筑处理比较简洁。砖砌檐口的线脚较为丰富，在窗额的装饰和建筑色彩上体现出俄罗斯民间砖木结构建筑风格。楼的南、北两侧和楼的西侧正中各有一个木制凉亭。

1955年后曾为中共布特哈旗旗委办公处。1962年，叶圣陶、老舍、翦伯赞、范文澜等文化名人曾在此处下榻。2006年，改建为扎兰屯市博物馆。

全景

‖75‖ 扎兰屯市铁道会议旧址

撰稿：殷焕良　陈林义
摄影：陈林义　哈达

全国重点文物保护单位。

位于扎兰屯市兴华街道办事处站前居委会。

旧址建于1903年，建筑面积1763平方米。非对称式建筑，西侧为三层平顶建筑，东侧为单层建筑，举架高，门脸人字形女儿墙高出建筑主体，整体建筑淡黄色，间或饰以白色壁柱，属俄罗斯建筑风格，旧址初作为会场使用，也为中东铁路员工文化娱乐场所。当时有400人坐席，有标准舞台、乐池、办公室、化妆室、地下室等。现为扎兰屯铁路俱乐部办公处。

远景

撰稿：洪萍　高鑫
摄影：高鑫

牙克石市重点文物保护单位。

位于牙克石市免渡河镇免政居委会二区一组，免渡河车站站前路免渡河铁路电力工区院内。

2007年，第三次全国文物普查，牙克石市文物管理所对其进行了调查。

教堂始建于1903年。中东铁路修建时期，大部分俄罗斯侨民迁入牙克石免渡河，在此生活，进行宗教活动。虔诚的教徒集资建起了俄罗斯风格的尖顶东

教堂东立面

正教教堂。

　　免渡河东正教教堂为砖木结构，主体部分为石砌，附属部分为砖砌。高大的门被砖垒砌密封着，上矗方尖顶。窗户为拱形窗，檐上砌柱饰，还有一些石雕花饰构件。墙体为黄、红色调，建筑虽然陈旧，但依然优雅高贵。南北最长22.5、东西最宽13.6米，共两层，高13米，占地面积306平方米。

　　东正教是牙克石境内出现最早的洋教。1902年在牙克石的博克图建立了第一座东正教堂，从此东正教在牙克石境内开始活动。随后，巴林、绰尔、兴安、免渡河、雅鲁、牙克石等地先后建起七所教堂和一个祈祷所，其宗教活动盛极一时。1903年，随着铁路的营运，部分俄侨陆续迁入

免渡河定居。俄罗斯移民与部分鄂温克族及少数汉族同信东正教，洗礼后胸佩十字架，终生不摘。当时牙克石地区东正教徒8000多人，其中免渡河就有1100人，影响非常广泛。信徒每户墙角设神龛，供奉基督耶稣和圣母玛利亚，旁摆圣经，他们每日三餐前后及周末，要在圣像前祈祷。每逢节假日、礼拜日在此聚会，讲经传道，敲钟祈祷，东正教教堂成为俄籍铁路员工宗教活动中十分重要的场所。侵华日军占领免渡河后，东正教教堂被关东军征用作为发电厂。1945年的夏天，苏联红军实施空袭，派六架轰炸机轮流在日本关东军驻地和免渡河车站附近投弹，免渡河东正教教堂不幸中弹，钟楼上的十字架被炸飞，塔楼破损严重。新中国成立后，教堂作为当地铁路部门发电厂使用，现闲置。

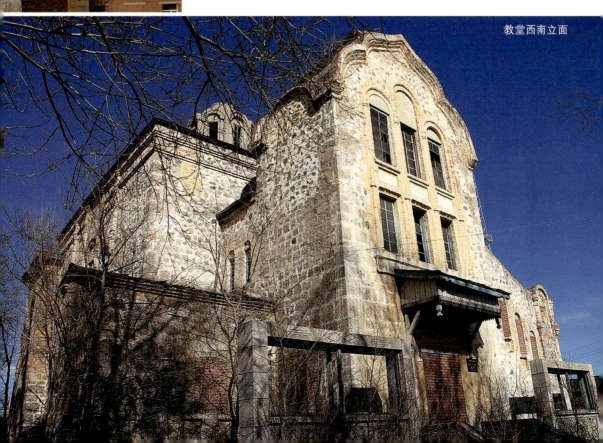

教堂西南立面

‖77‖扎兰屯市吊桥

撰稿：包洪涛　陈林义
摄影：陈林义

吊桥桥头

全国重点文物保护单位。

位于扎兰屯市吊桥公园内，东为中央北路，南为成吉思汗宾馆，西为体育运动场，北为扎兰屯林业学校。雅鲁河支流穿过吊桥公园。

吊桥始建于1905年，为木质结构，桥长47.9、宽4.1米，引桥为25.3米。吊桥由两根巨大的铁索悬空而成，黝黑的锁链

从桥两侧四尊高大的汉白玉石柱顶端孔穿过，穿系在深插于地下铁环上，铁索自上而下，中部呈一弧形，上面系有42根细铁索，桥面木板铺就，行人往来桥上，如轻舟泊于水面悠悠晃晃，大有飘飘欲仙，心旷神怡的感觉。中东铁路通车后，以吊桥为中心建吊桥公园，是专供当时的沙俄贵族们享乐的场所。新中国成立以后，吊桥公园连年修缮，近几年规模的不断扩大和创新，现吊桥为国家4A级风景区。吊桥公园位于市区北部，占地面积68公顷，是一处集自然景观和人文景观于一体的综合性娱乐场所。

世界上只有两座百年以上的吊桥，其中一座位于俄罗斯的伊尔库斯克，另一座就是扎兰屯吊桥。

吊桥公园初建时，只有悬索桥和桁桥。悬索桥桥头两柱之间曾横置铁纱一块，上书"日光浴场"四字。桥北侧是游泳场，附近竖1米多高的日晷一块，半径约50厘米，供游人掌握时间，目前已不复存在。新中国成立以后，吊桥公园连年修缮，近几年陆续添设了望湖亭、三角亭、环心湖、月形拱桥、九曲桥、动物区、花卉区、儿童游乐场、花鸟鱼馆、垒石园、晨练场等。如今这里古木参天，杨柳婆娑，亭台错落，绿草如茵，河水碧波荡漾，吊桥巍然屹立，犹如一颗溢光流彩的明珠，镶嵌在祖国北部边陲，以其崭新的容貌、旖旎秀丽的风光，迎接游客前来观光游览。

吊桥

⫴78⫴ 牙克石市免渡河铁道学校旧址

撰稿：包洪涛　高鑫
摄影：高鑫

牙克石市重点文物保护单位。

位于牙克石市免渡河镇免政居委会三区一组，镇政府幼儿园院内南侧。

2007年，第三次全国文物普查，牙克石市文物管理所对其进行了调查。

始建于1907年，是清政府和沙俄合办的中东铁路西线免渡河铁道学校。免渡河铁道学校旧址共两座木刻楞建筑（118号、119号）。118号东西长21、南北宽

7米，平面呈长方形，占地面积147平方米。119号东西最长27.5、南北最宽14.5米，占地面积298.75平方米。两座建筑均用原木交错叠建，其间垫有草辫子，外表用宽25、厚3厘米木版镶饰，房顶由俄制铁皮覆盖，门窗边框用彩色雕塑漆绘。室内有俄式取暖设备三组，时称"戈兰"。其建筑构造具有典型的俄式木刻楞特征，保存完好。

118号木刻楞近景

119号木刻楞北立面

119号木刻楞东北立面

免渡河在清末仅有几十户人家，尚无学校。1901年，清政府和沙俄合办的中东铁路西线通车后，免渡河车站列为编组站，有大批俄侨家属和招募的中国路员家属居住。为解决子女就学问题，1907年东清铁路公司在免渡河建立免渡河铁道学校。1932年日本侵占免渡河后，又有大部分日侨涌入免渡河，在校就读者多为日本子弟，还有少数铁路员工子弟。1945年日本投降后，日侨全部撤出免渡河。1946年9月，中国共产党派土改工作队进驻免渡河，推行广泛的土地改革运动。1949年9月，正式接管免渡河铁道学校，改为"免渡河铁路职工子弟小学"。

‖79‖ 满洲里沙俄兵营旧址

撰稿：呼德尔　庞业清

摄影：马志超

全国重点文物保护单位。

位于满洲里市一道街东路北。

1904年，爆发了"日俄战争"，东清铁路实行军事管制，重点运输军队、武器装备、粮食和医疗设备等，满洲里作为沙俄进入中国的首站，这里成了沙俄兵站基地。当年，沙俄政府以最快的速度，从国内派来技术人员和大批囚犯，修建了十几幢楼房，可容纳万余人驻扎。

旧址1908年初建时原为四座，现满洲里市第六中学院内东侧一座保存完好，院外西侧南北各一座已废弃，北侧另一座于1972年烧毁。

1908年至1922年为沙俄兵营，俗称"东大营"。东大营坐北朝南，分为两层，楼体砖木结构，铁皮房顶，建筑成"L"形，立面为不对称式，面积约为1342平方米，至今保存较好。楼层较高，竖向长窗，整个建筑比较简洁，为典型俄式风格建筑。

1922年至1932年为哈满护路军暨满洲里警备司令部，1932年至1945年为日伪兵营。1946年为中长铁路满洲里换装处，1952年，在院内南侧又修建一座三层俄式建筑，面积约1507平方米，为铁路换装所单身职工宿舍。1957年，铁路中学由海拉尔迁入满洲里（2004年改为满洲里市第六中学），校址即选择了这里。

全景

‖80‖ 扎兰屯市沙俄森林警察大队旧址

撰稿：殷焕良　陈林义
摄影：殷焕良　陈林义

全国重点文物保护单位。

位于扎兰屯市兴华街道办事处东风居委会，旧址东、南为民宅，西为邮政局，北为站前街。现为扎兰屯中东铁路博物馆。

沙俄森林警察大队旧址建于1909年，面积1020平方米，石木结构，属俄式建筑风格。随着中东铁路通车，沙俄成立森林警察大队，在此处办公。新中国成立后，为扎兰屯铁路中学宿舍，后变为招待所。2008年5月改建为呼伦贝尔中东铁路博物馆。

该建筑保存较好，具有代表性。俄式传统建筑是以木造为主，自10世纪末接受基督教后受了拜占庭影响开始出现石造建筑，而从木结构发展出来的技巧，如层次叠砌架构、外墙民俗浮雕等都在石造建筑中有所体现。

全景

‖81‖ 扎兰屯市沙俄仓库

撰稿：殷焕良　陈林义
摄影：陈林义

全国重点文物保护单位。

位于扎兰屯市兴华街道办事处春雷居委会原铁路小学院内。

该建筑建于1910年，建筑面积608平方米，属俄式建筑风格，石木结构，石头墙体，人字形屋架，铁皮瓦盖，外墙装饰壁柱和砖砌花饰，墙体基石石块装饰较粗犷，显示稳重，当时作用是中东铁路时期扎兰屯站的沙俄仓库，新中国成立后为铁路商店，现为扎兰屯实验小学招待所。

沙俄仓库是扎兰屯站建成后所建的附属建筑，仍保留有较浓厚的俄罗斯风格，厚实的墙体及房檐上富有俄罗斯风格的装饰，是不可多得的历史见证。

北山墙

‖82‖ 扎兰屯市沙俄马厩

撰稿：殷焕良　陈林义
摄影：陈林义

全国重点文物保护单位。

位于扎兰屯市兴华街道办事处春雷居委会原铁路小学院内。

该建筑建于1910年，建筑面积569平方米。房子长方形，为石木结构，举架较低，凸显人字形屋顶较高，墙上窗户之间做水泥壁柱装饰，山墙用横、竖、斜壁柱勾勒出人字形房屋结构，使建筑整体显得硬朗，线条清晰。窗沿、门边包砖，砌成凹凸花饰来丰富墙面。建筑当时作为马厩使用，饲养军马。当年的拴马桩尚在，现存22根，周长70～80厘米不等。现为扎兰屯铁路小学学生宿舍，已经停止使用。

近景

‖83‖ 扎兰屯市沙俄小学黄房

撰稿：殷焕良　陈林义
摄影：陈林义

全国重点文物保护单位。

位于扎兰屯市兴华街道办事处春雷居委会原铁路小学院内。

该建筑始建于1910年，属俄式建筑风格，建筑面积304平方米。坐南朝北，建筑主体对称，中间开两个相邻门，黄色墙面，白色壁柱装饰，整体建筑干净整洁，在主体建筑东侧，利用东山墙搭建一个小型建筑，风格与主体建筑相同。黄房当时为沙俄小学学校的附属建筑，新中国成立前日本人曾用来存放骨灰。黄房和沙俄小学旧址教室有地下通道联通，地下通道铁轨承重，石水泥砌筑，后因怕出危险已填埋。现辟为实验小学体育活动室。

沙俄小学黄房属沙俄在中国中东铁路沿线修建的附属建筑。建筑主体色调采用淡黄色，木质门窗富有俄罗斯民族特色的装饰，显得整个建筑敦实厚重。中东铁路沿线遗留的历史建筑景观是扎兰屯城市景观发展的一部"无字史书"。

全景

‖84‖ 满洲里市红色国际秘密交通线

撰稿：呼德尔　洪萍
摄影：苗福晖

内蒙古自治区重点文物保护单位。

位于内蒙古自治区满洲里市。早在20世纪20年代至30年代后期，共产国际和中国共产党充分利用满洲里地区反动力量相对薄弱、交通方便、距苏联较近等优势，相继在满洲里建立了地下交通站，掩护共产党人从满洲里进出中苏两国国境。

满洲里红色国际秘密交通线，是中国共产党与共产国际和苏联联系的生命线。从1921年中国共产党成立至1937年间，这条红色国际秘密交通线被誉为"一座红色国际桥梁"。同时这条红色国际交通线也为苏联共产国际进入满洲里发挥了极其重要的作用，被称作"红色堡垒"。许多中国共产党的早期领导人出席重要国际性会议以及派往苏联学习、工作的同志往返都是经满洲里出入境的，如李大钊、陈独秀、刘少奇、周恩来、瞿秋白、李立三等都曾经通过这条交通线进入苏联。

红色国际秘密交通线，是从哈尔滨乘火车直达满洲里，由满洲里越境至86号小站（今俄罗斯后贝加尔斯克区），在86号小站坐直通赤塔列车，换乘去莫斯科。哈尔滨至满洲里这条"红色之路"为中国革命和世界革命做出了特殊而重要的贡献，

在中国共产党的发展历程中发挥了重要作用。这个时期，数以万计的旅俄华工冲破当时北京政府的阻挠，途经满洲里回国，带回来许多革命书刊，还将亲身经历的俄

满洲里市国门

俄式马车

国十月革命情况介绍给中国人民，加快了马克思主义在中国的传播，也加快了中国共产党建立与发展壮大的步伐。交通线上的扎赉诺尔交通站为满洲里交通线的辅助线，由扎赉诺尔向北经二卡越境至苏联阿巴该图的托里亚镇。据统计，在1931年至1934年间，秘密交通线安全迎送70多名同志出入国境。

满洲里红色秘密交通线对于中国共产党的成立和发展做出了积极贡献。尤其是1928年中共六大在莫斯科召开时，前去参加会议的代表都是从这里通过的。满洲里国际秘密交通站的交通员冒着生命危险护送了40余名六大代表偷越中苏国境，顺利到达莫斯科，为中国革命做出了不可磨灭的历史贡献。

　　为支持中国革命，共产国际向中国派出大批代表和军事顾问，其中大多数人是由满洲里进入中国，推动了马克思主义在中国的传播和各地共产主义小组的建立，帮助成立了中国共产党，并指导其迅速发展。同时，在促成第一次国共合作，推动北伐战争，支援中国抗日战争等方面也发挥了积极作用。

‖85‖ 满洲里技工学校旧址

撰稿：呼德尔　苗福晖
摄影：庞业清

全国重点文物保护单位。

位于满洲里市南区三道街路南，最初为中东铁路技工学校，1933年曾为日本铁道警护团、铁路工务区、日本小学校。

1945年8月为铁路换装工人休息室，1952年成为中长铁路满洲里一分局办公楼，1953年为海拉尔铁路分局技工学校，1962年满洲里铁路医院迁入。2004年至今为满

全景

走廊

洲里市博物馆。

这座建筑以其严谨的结构、古朴的格调、庄重的造型、恢弘的气势，充分体现了浪漫主义建筑风情。该建筑物高25米，建筑面积为4880平方米。建筑造型活泼自由，蕴含着人文气息。三个半圆形主体楼凸出于楼体，楼顶尖耸，动感强烈，拉动了整个建筑向上的冲力。建筑立面多采用曲线构图，墙身强调垂直划分，雕塑感较

强。女儿墙造型别致，配以帐篷式尖顶，高低错落，相互映衬。

建筑以突出的尖顶和独特的窄窗、高门为特征，显示出巍峨壮观的建筑艺术效果。精雕细刻的图案，镶嵌于屋脊、房檐或门窗之中。室内走廊两侧木质墙裙，高雅华丽，地面铺就人字形地板，令人赏心悦目。建筑外表镶贴白黄绿色的琉璃砖，清新淡雅，整个建筑舒畅宜人。

‖86‖ 满洲里市谢拉菲姆教堂

撰稿：呼德尔　哈达
摄影：庞业清
钢笔画：高振海

全国重点文物保护单位。

位于满洲里市南区二道街铁路俱乐部院内，又称圣米哈伊尔教堂，建于1903年。

20世纪初，东清铁路满洲里段动工，大批沙俄移民、筑路工人、商人和军队来到满洲里，为组织东正教教徒过宗教生活，建立此教堂。20世纪40年代中期，由

谢拉菲姆教堂

于满洲里市前苏联侨民减少，且路北也有教堂，谢拉菲姆教堂被封闭。新中国成立后为满洲里市铁路职工俱乐部。

谢拉菲姆教堂呈方形，坐北朝南，典型俄式木刻楞房，外墙刷黄色，屋顶为深红色铁皮，总面积1392平方米，建筑面积386平方米。教堂上有高大的尖顶钟楼，内设宽敞的礼拜堂，四周供奉耶稣和圣母玛利亚的神龛、圣经、宗教壁画等。教堂北侧为俄侨墓地，南侧有一座面积约63平方米木刻楞小屋，曾为教堂院内墓地看护人住所，后为铁路俱乐部售票室，现无人使用。

守墓人居所

教堂钢笔画

‖87‖ 满洲里市前苏联驻满洲里领事馆

撰稿：呼德尔　马志超
摄影：苗福晖

全国重点文物保护单位。

位于满洲里市区道北一道街58号。

1923年由苏联远东共和国代表处改为苏联驻满洲里领事馆。1954年12月，苏联领事馆向我方照会，申明苏联政府决定将后贝加尔铁路管辖的满洲里段铁路无偿交还中国。1955年6月移交完毕。1956年12月11日，苏联驻满洲里领事馆奉其政府指示闭馆，工作人员全部回国。领事馆办公楼无偿交满洲里市使用，为人民委员会招待所。1983年更名为满洲里市政府宾馆，2004年至今为满洲里市彼得堡宾馆。

该建筑为俄罗斯砖木结构建筑，整个建筑三层，地上两层，地下一层。建筑立面左右对称，节奏感较好。平面布局紧凑集中，层高较高，墙体厚重，设有阳台。色彩采用俄罗斯惯用的黄色基调，窗额抱角处有白色点缀。该建筑坐北朝南，占地面积约为2007平方米。

领事馆一角

领事馆全景

║88║ 满洲里市前苏联驻满洲里商务代表处

撰稿：呼德尔　苗福晖
摄影：庞业清

全国重点文物保护单位。

位于满洲里市区道北一道街56号。

该建筑建于1923年，为前苏联驻满洲里商务代表处。建筑采用对称构图，主体突出，墙面以黄色为主色调，在主色调之中采用白色的砖砌线脚，中间突出部分的门和窗上部分为半圆卷式。建筑古榆环抱，外观采用古典主义构图，整体造型严

一楼楼梯

谨有序，主体形象突出，设计手法娴熟。该建筑为典型俄式建筑，地上两层，地下一层，占地面积约为1526平方米。

　　1957年至1962年满洲里市人民委员会租用，1962年移交满洲里市房产科，用作中共满洲里市委党校。1967年曾为解放军支左办公室，1976年为"五七"干校，1977年至2002年为中共满洲里市党校。2002年至今为满洲里市城市管理行政执法局。

二楼走廊

全景

║89║ 鄂温克族自治旗锡尼河庙

撰稿：呼德尔　金铭峰
摄影：安永明

鄂温克族自治旗重点文物保护单位。

锡尼河庙，又称为"达西敦都布灵"，位于鄂温克族自治旗锡尼河镇布日都嘎查。锡尼河庙南临锡尼河，北靠白音汗山。

1927年，八世班禅额尔敦图布敦确吉尼玛支持兴建，张学良亲批建庙文件，经呼伦贝尔副都统认可后开始建庙。1928年8月竣工并于9月22日正式开经堂念经。庙名为"达西敦都布灵"，但当地牧民俗称其为"锡尼河庙"。1931年，八世班禅被请到锡尼河庙，又赐寺名为"丹巴达杰凌寺"，是一座藏传佛教格鲁派寺院。

锡尼河庙，平面呈长方形，坐北朝南，土木结构，建筑面积占约150平方米。该寺建筑平面沿中轴线对称分布，自南向北依次是山门，左右配殿，却伊拉殿，三个小殿（西护法殿、博克达府、东护法殿），佛塔，大雄宝殿。庙宇建筑面积5200平方米，在"文革"中遭到毁灭性破坏，所有建筑全部被毁。1984年重建了226平方米的大雄宝殿，并恢复了宗教活动。2008年庙宇再次扩建。庙分为前殿、后殿，并在附近建一白塔。每年的正月十五和六月十日举行两次大型庙会，当地

前殿

后殿

白塔

牧民以及周围旗市的牧民群众参加庙会。

锡尼河庙是鄂温克草原上唯一的佛事活动场所，是草原上牧民精神寄托的家园，庙的重建，也为研究呼伦贝尔地区佛教文化提供了宝贵资料。

‖ 90 ‖ 海拉尔日军工事及万人坑遗址

撰稿：邢锐　呼德尔
摄影：马奎生

内蒙古自治区重点文物保护单位。

位于海拉尔区的周边山地中。

海拉尔是呼伦贝尔市政府所在地，其北、东、西为山地，南侧为平地草原，直通鄂温克族自治旗政府所在地巴彦托海镇，工事遗址即建在北、东、西山上。

1932年12月，日本军国主义侵略魔爪伸向了呼伦贝尔草原，为其蓄谋已久的"北进"苏联，"南下"中国的战略计划做准备。

从1934年开始，为了更好地利用海拉尔所处的优越交通条件和险要地理位置，

日军工事阵地炮台

地下工事通道阻击口

反坦克战壕

重机枪工事

开始在海拉尔周围构筑庞大的军事工程。主体工程完成于1939年末，而一些辅助工程直至二战结束还在陆续筹建。

工事由地表工事及地下工事组成。地表工事主要由碉堡、散兵掩体等组成；地下工事又称"地下要塞"，是整个军事工程的核心部分，主要由地下暗堡、暗道、指挥部、后勤生活设施等组成。海拉尔的敖包山和北山是海拉尔区的制高点，是当时日军的重点布防区，也是海拉尔地区日军军事工程的核心部分。西南面有南松山阵地，东北面有东山阵地，东南面有东南山阵地，在这些阵地之间还构筑有野战工事，以弥补防御空隙。

整个军事工程为钢筋混凝土结构，十分坚固，易守难攻。修筑军事工程的劳工绝大部分为中国劳工，日军为确保军事秘密，在工程基本完工时，把参与修筑的大批民工集体屠杀，幸存者寥寥无几，尸体部分被抛在敖包山西侧的沙坑里，后人称这个沙坑为"万人坑"。

1945年8月，苏联红军出兵东北，全歼驻海拉尔的关东军，战争中地表工事大部分被摧毁，但从残存部分仍然可以窥见该军事工程昔日的浩大，地下工事基本完好。

海拉尔日军工事及万人坑遗址较好地保持了历史原貌，是控诉侵华日军侵略罪证的有力证据，是进行爱国主义教育、国防教育的理想场所。

‖91‖ 牙克石清真寺 —————

撰稿：朱志卓
摄影：朱志卓

牙克石市重点文物保护单位。

位于牙克石市永兴街道办事处永兴居委会胜利西街8号。

2007年，第三次全国文物普查，牙克石市文物管理所对此进行了调查。

1935年，牙克石清真寺由穆斯林群众集资购置民居三间板房，改建成教长室、暖殿和沐浴室。1947年，再次集资在原址修建120平方米大殿。1966年，"文革"中清真寺被毁坏，宗教活动停止。1979

近景

内部

年，回族群众集资为清真寺修建围墙80米，1980年至1989年市政府多次拨款修缮清真寺。牙克石市清真寺民主管理委员会因原殡仪室狭小，于2009年号召穆斯林群众集资5万余元，在寺院西南角新建126平方米的殡仪室。

清真寺为砖木结构，寺院平面呈长方形，南北长70、东西宽40米，占地面积2800平方米，建筑面积1300平方米。南侧大殿338平方米，大殿正门上方有六角式四层高约17米的望月楼。东侧是寺管会和男女沐浴室。西侧是阿訇室、掌教室、讲堂和男女暖殿。

清真寺，也称礼拜寺，是伊斯兰教穆斯林礼拜的地方。牙克石清真寺建寺至今历时80年，共历十二任阿訇，是牙克石市4000余名回族穆斯林宗教文化活动的中心。

║92║ 扎兰屯市纳文慕仁盟公署办公旧址

撰稿：白志强　陈林义
摄影：陈林义

内蒙古自治区重点文物保护单位。

位于扎兰屯市区中央北路师范学校院内，西200米为师范学校体育馆，南300米为扎兰屯市政府大楼，北200米为市区明月街。

建于1935年，占地面积880平方米，建筑面积1560平方米，为砖瓦结构二层楼，屋面原为琉璃瓦，初为扎兰屯东北盟旗师范学校，后为纳文慕仁师范学校。1932年至1946年，这里曾是兴安东分省、

全景

正面局部

兴安东省和纳文慕仁盟公署机关办公地。

1945年8月，被日寇侵占的满洲里、海拉尔、牙克石、扎兰屯先后解放。12月，兴安东省政府在扎兰屯成立，下辖莫力达瓦旗、巴彦旗、阿荣旗、布特哈旗。

1946年1月16日，东蒙古人民临时代表大会决定成立东蒙古人民自治政府。东蒙古自治政府确定新置兴安省、昭乌达省、哲里木省、卓索图省、呼伦贝尔省、纳文慕仁省等6省，废止伪满洲国统治时期兴安总省的称谓。纳文慕仁省置于扎兰屯，管辖布特哈旗、阿荣旗、巴彦旗、莫力达瓦旗、纳文旗、依克明安旗等六旗。

1946年5月3日，纳文慕仁省政府在扎兰屯成立，同时原兴安东省撤销。

1946年5月25日，内蒙古东部区人民代表大会在王爷庙举行，决定撤销东蒙古人民自治政府，成立兴安省政府和内蒙古自治运动联合会东蒙总务会。

1946年6月7日，根据东蒙人民第二次大会决议，纳文慕仁省改称纳文慕仁盟，所辖区域不变。

1949年4月11日，纳文慕仁盟与呼伦贝尔盟合并，称呼伦贝尔纳文慕仁盟，简称呼纳盟。

1954年4月30日，呼纳盟改称呼伦贝尔盟。

‖93‖ 新巴尔虎左旗诺门罕战争遗址

撰稿：哈达　呼德尔　通拉嘎
摄影：巴图孟和

内蒙古自治区重点文物保护单位。

位于新巴尔虎左旗所在地阿木古郎镇以南60公里处，遗址北建有陈列馆。1994年陈列馆被授予内蒙古自治区级"爱国主义教育基地"。

诺门罕战争遗址由诺门罕战役日军忠灵塔遗址、乌兰警察哨所遗址、乌珠尔诺日遗址、焚尸坑遗址、日军731部队阵地遗址、日军炮兵阵地遗址、日军查干胡舒机场遗址、日军野战医院遗址等18处遗址组成。遗址分布大量战壕、反坦克战壕、掩体、重炮阵地、后勤基地和警察住所等。其中乌兰警察哨所遗址是诺门罕战争期间日军向前线提供给养、医疗器械等物资的后勤基地和警察所驻地，是诺门罕战争的战略要地。

乌兰警察哨所遗址　该地地形复杂，有两处相距9米的房址，长7、宽5米，南

乌兰胡都格哨所遗址全景

侧8米处有一条长70、宽60米的战壕，周围布满了小型掩体，作战方面有地势上的优势。在诺门罕战役中是日军的重要基地。

诺门罕战役日军忠灵塔遗址 该塔位于乌布尔宝力格苏木萨如拉扎木图嘎查西5公里，阿都特诺尔湖南1.2公里的莲花山上，当地牧民俗称"洋块儿"，该塔建于1939年9月，诺门罕战争结束后，日军在此为战死者修建了十余米高的"忠灵塔"，塔为钢筋混凝土结构，并举行了大规模的"慰灵祭"活动。1953年6月，忠灵塔被当地群众用战争遗留的炮弹所炸毁。

乌珠尔诺日遗址 该遗址为诺门罕战争日军步兵及炮兵阵地。遗址中心为乌珠尔诺日泡子，泡子周围分布着大小不一、规格不等的环形战壕及掩体共计有75处。

焚尸坑遗址 1939年诺门罕战争停战后日军对战死者尸体进行收容，因天气炎热，尸体来不及运回后方进行处理，在此处大洼地内设临时火葬场焚尸，日军将尸体放在1米高的木垛上用汽油焚烧。1939年9月24日至10月2日共焚尸4447具，至今焚尸坑内仍可随处见到日军遗骨和遗物。

日军731部队阵地遗址 1939年7月初，日本关东军决定在诺门罕战争中实施细菌战，731细菌部队在队长石井四郎指挥下开赴战场，7月12日，以碇常重少佐为首的敢死队员在哈拉哈河投放细菌22.5公斤，其后又在多处投撒伤寒、霍乱、鼠疫的细菌，这是日军首次在战场上实施细菌战。该遗址为灌木丛洼地，呈西北至东南走向，隐蔽性较强，遗址内战壕纵横交错，相互贯通，战壕深0.4、宽1.5米，在西北至东南走向的斜坡中有一条战壕，沿东北至西南至东北呈半圆形延伸而出，长达50米，该战壕东北方向至西南又延伸出一条长100米的战壕，与之相距20米处再有一条东北至东南呈半圆状达70米的战壕。

日军炮兵阵地遗址　诺门罕战争中，日军调集了38门野战重炮和72门野炮及其他各种炮200余门，进行了日军陆军史上首次大规模炮战，由于日军在地势、火炮数量、火炮性能和射程、弹药数量等均处于劣势，被苏军炮兵击败，至今战场上仍有日军炮兵阵地遗迹4座，阵地内壕深0.8、宽16、长9米，相互间距5米，炮口位置分别向西北、西、西南、南面方向呈扇形状展开，火炮阵地主体由入口、两侧支架、炮身部位等部分掩体组成，是一处典型和理想的炮兵阵地。

日军查干胡舒机场遗址　该遗址为诺门罕战争日军最前沿野战飞机场，地势较为平坦、开阔，适合大型机群起降，根据地形来看飞机由南向北起飞，由西南方向飞回降落，执行轰炸任务，是一处较为理想的野战机场。

诺门罕战争日军锡林贝尔机场遗址　该遗址为诺门罕战争时期日军野战机场，地处沟壑交错地带，机场在沟谷上部较为平坦地带，飞机由南向北起飞，利用沟谷的坡度做掩护飞行，由北折回向西南方向苏蒙军阵地飞去。该遗址是一处较理想并隐蔽的野战机场。

诺门罕战争日军巴音贡机场遗址　该遗址地形沟壑纵横交错，地势东高西低，草地植被良好，有沙地和沙丘，机场为一片平整宽阔地，适合大机群快速起降，机场东侧为一片洼地，机场的西南侧有一条长达90米的战壕，东和北侧均分布有步兵战壕，为守卫机场部队。

日军野战医院遗址　该遗址为诺门罕战争日军前线临时野战医院，距主战场仅8公里之遥，坐落于灌木丛洼地中，具有较强的隐蔽性，在遗址中心地带有两座呈东南至西北走向的日军临时救治所，救治所周围分布着众多单兵战壕及生活用品处理坑点，为一处典型的临时野战医院救治所。

诺门罕战争五棵树日军重炮阵地遗址　该遗址为诺门罕战争日军重炮阵地，在边境线网围栏内，有4座日军重炮阵地，呈东北至西南走向，阵地与阵地间隔10～15米，阵地直径为8米，深度为70厘米，面向（炮口）西南、西北和东南各有一处火炮支架口，东北口各有一处火炮装填口，西南处有两处小型火炮阵地，直径为4米，深度40厘米，炮火逐次延伸为典型的火炮阵地。

诺门罕战争德格承特遗址，该遗址为诺门罕战争日军23师团72连队驻地，坐落于洼地灌木丛地带，地势较低，便于隐藏，遗址内部战壕及掩体纵横交错，相互贯通。

诺门罕战争乌兰胡都格哨所遗址　该遗址是一座守边、护边、保护当地安全的警察所，现遗址中心有一座直径12米的圆形房址，土木结构，房址中心有一长方形建筑，长4、宽2米，东西两侧各有一处不明显的圆形房址，略高于地表，为诺门罕战争最前线的警察哨所。

诺门罕战争敖日哈代山遗址　该遗址为日军细菌部队初始进入到诺门罕战争时的阵地，该阵地周边高山、沟壑纵横交错，细菌部队驻守在半山腰树木丛中，山

腰北侧，山凹深处，有一通道一直通到山脚下，东南200米为此地的制高点，战争时期是日军细菌存放地和该细菌部队营地，是当时的战略要地。

诺门罕战争西拉木德日军炮兵阵地遗址 该遗址是一处大规模的炮兵阵地，在1500米长的距离内横向排列有四十几个炮兵掩体，基本上都是朝向西南方向，掩体深1.5、直径为7～8米，进出门较为明显，整个炮兵掩体分五部分。炮兵阵地前方200米处有一条300米长的战壕，战壕宽5、深1.2米，战壕处较高，炮兵阵地较低，隐蔽性强。

诺门罕战争吉丹诺尔遗址 该战场由中蒙边界北侧网围栏中间穿过，战壕纵横交错，炮兵和步兵掩体较多，地貌属于丘陵沟深地带，西侧有一条南北走向的阻止敌方坦克的战壕，长约500、宽7～8、深1.5米，战壕从南侧山丘向北侧延伸到吉丹诺尔沼泽地，遗址东南60米有一座沙岗，沙岗的东南为炮兵阵地，沙岗的西侧和西南侧山岗分布众多的步兵战壕，步兵战壕西南侧网围栏内有一条东南至西北走向、长190米的反坦克壕，该遗址是距离边境线最近的主战场之一。

诺门罕战争哈日芒哈遗址 该阵地位于诺门罕布日德苏木巴音布日德嘎查东南3.2公里，沙尔毛德山西北3公里，是一

片低矮的丘陵地带，阵地四周比较开阔，有树木，遗址有多个半地穴式掩体，西南200米有一处沙岗，岗上分布众多的单兵战壕、炮兵阵地，是一处后勤阵地。

诺门罕战争边防哨所遗址　该遗址位于诺门罕布日德苏木巴音布日德嘎查西北4.2公里，布日德敖包西北1.2公里，日军占领新巴尔虎左旗后，沿中蒙边界线设立了边防哨所，诺门罕布日德是重点哨所之一，派兵驻守，定期巡逻，后毁于战火，该遗址哨所为临时搭建，为半帐篷半地穴结构，房址长方形，长14、宽10、深度达70厘米，房址有一入口，长4、宽3米，房址的西侧至南至东走向有一条呈"U"字形的战壕，整条战壕总长度110、宽1.5、深度达0.6米，是一处最前沿的边防哨所。

二战期间，在呼伦贝尔市新巴尔虎左旗诺门罕布尔德地区中蒙界河——哈拉哈

乌珠尔诺日遗址

焚尸坑遗址采集标本

河中下游两岸爆发的"满"蒙边境战争，是日本关东军、满洲国伪军和苏、蒙军的一场局部正规战争。其起因是为了争夺诺门罕以西，直至哈拉哈河这块三角形地区的归属问题。双方投入战场兵员20余万人，大炮500余门，飞机900余架，坦克装甲车上千辆。

战事于1939年发生。日、俄双方的军队分别代表"伪满洲国"及"蒙古国"交战，日、俄双方并没有正式宣战。战事以日本关东军大败而告终。日、俄双方此后在二次大战中一直维持和平状态，直至1945年8月6日美军在日本广岛投下原子弹后，苏联在8月8日向日本宣战并出兵中国东北为止。

诺门罕战役使东北关东军向西侵略的企图彻底落空。日本的'北进'及'南进'策略被诺门罕战役影响。日本有史学家称这场战争为"日本陆军史上最大的一次败仗"。

无论空战或坦克战，在当时的世界军事史上都是空前的，可以说是世界上最早的一次大规模立体战争。在这次战争中日本关东军731部队首次将生化武器应用于实战(细菌战)，但仍遭到惨败，被迫停战讲和。

新巴尔虎左旗于1989年设立了诺门罕战役陈列馆，馆内收藏战争遗物三千余件。先后利用原诺门罕布日德苏木办公室、苏木派出所办公室、学校教室等作为陈列室进行遗物展示。2007年，新巴尔虎左旗政府决定新建诺门罕战争遗址陈列馆，陈列馆外观设计成一个密封的碉堡造型，建筑面积为2264平方米，采用框架结构，主体为四层建筑。馆内布展的整体色调以岩石般的凝重灰色为主，辅以刚强的金属色反映当年的战争场面和政治时局。

⫼94⫼ 鄂温克族自治旗巴彦汗日军毒气试验场

撰稿：呼德尔　哈达
摄影：安永明

全国重点文物保护单位。

位于鄂温克族自治旗巴彦托海镇马蹄坑嘎查境内，巴彦汗山（蒙古语意为"富饶的最高山"）西部。北与海拉尔区哈克镇相邻，距哈克站10公里，东北连接巴彦嵯岗苏木，东南、南部与锡河东苏木交界，西、西北部与巴彦塔拉达斡尔民族乡接壤。

巴彦汗地区为丘陵地带，地势由东南向西北倾斜，东南为五顶山，也称五峰山，蒙语称"塔博陶拉盖"。东西宽8.96、南北长13.1公里，面积110平方公里。此地是巴彦托海镇雅尔斯、团结、巴彦托海、马蹄坑四个嘎查的打草场。最高峰为巴彦汗山，海拔841米。五顶山为一群山，属丘陵-低山地貌组合，呈西北东

巴彦汗毒气实验场遗址

南向分布，系石质低山丘陵地貌区，海拔700～860米，山势较为和缓，坡度一般在30度以下。

巴彦汗毒气实验场是日本关东军在中国地区设置的最大生化武器实验场，建于1940年，实验场遗迹约千处，分布在近110平方公里的草原上。由于实验场位于草原深处，当地植被良好，无人为损坏，时过70余年实验场遗址仍保存完好。根据生化武器实验的需要和考察实测，日军在实验场构筑有形制各异的工事，主要有战壕、交通壕、汽车和坦克掩蔽部、单兵坑、指挥所、大小牲畜及小动物坑等20余种。主实验区集中分布6处，其中西南为单兵坑、交通壕并向北部延伸，西北多为能容纳汽车、战车的大坑和其他形制的大坑，东北部是一片较大的战壕、交通壕，

也有能容纳汽车和战车的大坑、单兵掩体等，东南高地则是一个单独的连片实验工事，形制多种多样。

日本侵略军在中国进行了大量生化武器实验，并在中国战场上进行了化学战。其中日本关东军所属的731部队、100部队及516部队曾多次在呼伦贝尔地区进行细菌、毒气实验，并在诺门罕战争中进行了细菌和毒气战。而巴彦汗毒气实验场，就是日本关东军在中国东北地区设置的最大的生化武器试验场。

巴彦汗毒气实验场遗址不仅是世界上发现的最大毒气实验场，而且是世界上保存最为完好的毒气实验场遗址。巴彦汗毒气实验场是控诉日军侵华侵略罪行的有力证据，也是进行爱国主义教育，国防教育的理想场所。

侵华日军指挥所

战壕

碉堡

‖95‖ 牙克石市绰源侵华日军飞机场遗址 ⸺

撰稿：洪萍　高鑫
摄影：高鑫

内蒙古自治区重点文物保护单位。

位于牙克石市绰河源镇绰明社区绰尔居委会西侧1000米，由飞机场和18个零式战斗机库群组成。飞机场建于1942年

5月，东西长1500、南北宽70米，平面呈长方形，占地面积105000平方米；18个零式战斗机库环山而建，为混凝土整体浇注结构，飞机库穹窿形，混凝土厚度为侧面

全景

4号机库远景

0.3～0.5、顶1米；内径宽均为17.6、纵深22.5、高为6.5米，库内面积约200平方米。机库出入口顶端有一个梯形缺口，为飞机驾驶舱和尾翼通过的位置。库顶有长方形通风口1个，两侧有圆形洞口各1个。两个飞机库之间相距约150米。飞机库出入口方向因地势的不同而不同，其结构与建筑原则是利用山势变化强调飞机库的隐藏作用和方便飞机出入。机场位于机库群正南方向1000米处，全部为混凝土浇筑，用于零式战斗机的起降。机场边缘保存着修建飞机场时用来夯实基础用的一个压地石碾。

1932年12月日军侵占呼伦贝尔，实现对东北全境的占领并把呼伦贝尔作为抵御苏联的"帝国国防第一线"，窥视苏联远东。1933年制定了《对苏工事作战计划》，规定1933～1936年进行"二期会战"，既先东后西、东部突破、西部决

4号机库近景

战。《计划》中"八号作战方案"拟从西面呼伦贝尔地区对苏发动主攻作战，以蒙古东部的哈拉哈河流域为突破口，歼灭外贝加尔方面之苏军主力。1939年诺门罕战争爆发，关东军受到惨痛打击。为加强地区制空权，组织强有力反攻，在海拉尔、乌奴耳要塞地域构筑后方飞机场网络，随时准备抵御苏军强大的空中进袭，并保证取得要塞绝对的制空权。日本关东军于1942年在绰源地区环山修建空军基地，修筑飞机场，构筑飞机库，巩固乌奴耳要塞防线的空中防御强度，是侵华日军防御苏联进入中国的第二道防线，以实现其长期统治之目的。绰源位于乌奴耳要塞防线的侧翼，地处牙克石东南、博克图西南方向，与牙克石、博克图构成三角支撑，形成侧窥乌奴耳要塞阵地的战

略态势，其目的首先是巩固博克图后方军事基地，其次是创造乌奴耳要塞的侧翼优势，给进攻要塞的苏军空军予以迅捷的空中打击，并为寻找适当的机会组织对苏联国土进行空袭做好充分准备。1945年4月30日，苏联红军攻克法西斯德国国会大厦，宣告德国法西斯灭亡，欧洲战场战事结束，日军攻击苏联计划成为泡影。日军投降后为销毁秘密构筑空军基地加固要塞防御的罪证，曾派博克图空军基地的飞机飞到绰源，对未完工的绰源空军基地进行轰炸，但因苏联红军迅速开进博克图地区，日军对绰源空军基地的轰炸也便没能达到预期目的，只在少数飞机库的入口处混凝土上留下机枪扫射的痕迹。销毁罪证的行动朱败后，日本人随即组织汉奸把机场上各种物资、资料、粮食堆在一起点

燃，大火整整烧了6天。

绰源空军基地遗址被保存下来，成为日军发动侵华战争，强占中国东北，残害中国无辜百姓的永久罪证。

据绰源当地史料记载，1945年8月9日，军事基地还未完全落成，关东军的一列满载枪支、弹药、军服、建筑材料等战备物资的军列开进正在建设中的绰源空军基地的一个山洞，却得到关东军总部的无条件投降命令，同时命令基地驻军将山洞连同军列炸毁。后来，有人挖掘被炸毁的山洞洞口，发现枪支、钢盔、日军战刀、防毒面具等军事用品。内蒙古电影制片厂根据这一史料拍摄了电视剧《消失的军列》。新中国成立后，当地政府一直关注保护日军侵华罪证。进入21世纪，绰源林业部门开发"红色旅游"项目，利用日军当年发动侵略战争的军事遗迹，多方走访日军占领时期居住当地的居民，对遗址进行了一定程度的恢复，建立了爱国主义教育基地，使之充分发挥其教育作用，随时提醒人们"牢记历史，勿忘国耻"。

绰源侵华日军飞机场遗址保存完好，是日本在二战期间对中国所犯下罪行的铁证，也是揭露日本军国主义在中国所犯罪行的有力物证，是广大群众特别是青少年进行爱国主义教育基地。

8号机库背面

‖96‖ 牙克石市乌奴耳侵华日军要塞遗址

撰稿：朱志卓
摄影：朱志卓

内蒙古自治区重点文物保护单位。

位于内蒙古自治区呼伦贝尔市牙克石市乌奴耳镇乌东居委会东5公里处二道梁子。

遗址始建于1944年，为日本关东军用来防御中国军队和苏联红军东进的防御性军事工事，是关东军计划构筑的17处要塞中最大的一处，可容纳3个师团7万余兵力的庞大要塞。乌奴耳要塞于1944年开始修筑，分为乌奴耳阵地、博克图阵地、免渡河阵地、牙克石阵地。向南与阿尔山要塞阵地犄角相望，向北至与陈巴尔虎旗接壤的莫拐地区，纵深近200公里。沿着滨州铁路及依托山脉走势修建近400个永备工事及大量野战阵地、附属设施。在乌奴耳二道梁子（昆独山）设主阵地，配备1个挺进大队及重炮扼守关键地域。在牙克石卓山、凤凰山修建野战阵地，挖有战壕、交通壕、防坦克壕及观察所、炮兵阵地，是防守乌奴耳要塞的前沿。免渡河阵地联络牙克石、乌奴耳地区。伊列克得、兴安岭一带为制高点，为乌奴耳要塞最后一道防线，同时保护滨州铁路隧道。除了火力工事外，还修有仓库、山洞等屯集大量物资以作困守。粮秣库、武器弹药库、贮水池、屯兵洞星罗棋布。工事内部通风、通讯、排水等设施齐全。公路四通八达，连接各阵地。乌奴耳要塞地下工事采取分散

式设计形式，根据地形状态需要，阵地设计做到既互相呼应成为统一的防御整体，又能够独立分解呈现单元防御状态。要塞西南方向为防御正面，以伊列克得小岭子为指挥中枢，以兴安岭铁路隧道为防御核心；以大兴安岭山脉为依托，南起绰河源，北至莫拐，总体宽度近200公里，回避了东宁和海拉尔要塞的以大型阵地设施或以主阵地为核心堡垒的整体布局。根据大兴安岭山脉特有的地势条件，为便于在茂密的林莽峰峦间更有效地开展火力发挥和战术呼应，该要塞多采用分散的以各险要山头或岭顶为主要堡垒的、居高临下的

永备工事，或为完成战术配合而修建的策应主阵地两翼的秘密伏击据点和承担遭到攻击时由侧翼实施突袭的地下兵员掩蔽坑道。乌奴耳要塞从本质上看并非单纯防御支撑点，显然是预计在广泛持久的山地战中，随战场事态而进行短促出击时的战术支撑点。为防备飞机轰炸和大口径重炮轰击，地下要塞都是从坚硬的岩石山体中部或底部开掘，洞口顶部和四周还要浇筑钢筋混凝土，最厚处可达1～2米。

牙克石是进出大兴安岭门户，交通便利，历来为兵家必争之地。乌奴耳西距海拉尔170公里，距苏联后贝加尔350公里，

乌奴耳侵华日军要塞遗址炮位8号近景

碉堡火力点观察口

距蒙古边境300公里，是向苏、蒙出击的捷径和最佳进攻路线。兴安岭铁路隧道既是呼伦贝尔草原向松嫩平原过渡的关键所在，也是滨洲铁路西部线的咽喉咽喉，军事地位极为重要。如爆发战争，苏军突破大兴安岭垭口，则其机械化部队可长驱直入哈尔滨、长春，日军将无险可守。

1934年11月，日军号称"战争幽灵"的参谋本部作战课长铃木率道就对边境地带必要地点修筑阵地问题进行考察。1934年5月12日，经对"满苏边境"有关地区的长期勘查，制定了《国境阵地军事筑城方案》。关东军司令官菱刈隆签发了"关作命第589号命令"，满苏边境第一批要塞工程施工作业正式全面启动。1939年"诺门罕战争"失败后，得了"恐苏症"的关东军不得不对苏采取被动的防御措施。特别是1942年6月，中途岛海战日军受到重创后，将对苏战略由半攻半守改为全面防御，并加快了构建边境各防御要塞的工程进度。从1943年起，日本关东军把筑垒地域改向纵深梯次配置。乌奴耳要塞是关东军唯

一的一处纵深防御的内陆要塞，与海拉尔、阿尔山要塞形成三角形配置。工事及山地险要地形凭险固守，消耗苏军兵力，阻止苏军进攻和战略展开，成为从西部保护齐齐哈尔和哈尔滨等的重要防线，随后以纵深战略预备队实行反攻。关东军计划在此配备3个师团7万余人。日军修筑17个要塞总计费用5亿伪元，而乌奴耳要塞在战败投降时尚未全部完工就已经投入1.1亿伪元，是关东军投资最高、构筑规模最大的一处要塞。

1945年日军投降，就其遗留的施工进展程度推算，乌奴耳要塞工程设施尚未完工，大部分屯兵工事尚未入住兵员，火力配备和附属设施也多未调拨到位或达到临战状态，有的尚且处于搁置和未完工阶段。但这一军事工程的作用，已经在战争中显示出来。1945年5月，日本关东军总司令部将驻守海拉尔要塞防线的日本关东军第119师团主力联队调往乌奴耳要塞，企图利用乌奴耳要塞防线坚固的地下工事与苏军展开较量，决战到底。1945年8月9

碉堡内部

日零时，苏联远东军总司令部下令全线进攻中国东北日军，苏联158万红军战士，冲过中苏、中蒙国境线，从西、北、东三个方向向中国东北全境迅速推进，在远东对日军实施战略性进攻战役，史称"远东战役"。与此同时，苏联空军轰炸机群也飞越国境，对边境地带的关东军要塞展开猛烈轰击。8月9日凌晨，外贝加尔方面军下辖的第36集团军在卢钦斯基总司令的指挥下强渡额尔古纳河，抵达海拉尔。其主力部队一路推进，直逼乌奴耳要塞。是日，留守海拉尔要塞的关东军第119师团司令官盐泽清宣深感末日来临，决定将

全部留守部队撤到乌奴耳要塞防线以内防守，留下步兵第255联队的部分士兵组成临时编队，担负焚烧营房、销毁罪证的任务。8月12日晚，苏军后续部队抵达免渡河。8月15日清晨，苏军步兵在坦克的掩护下进攻乌奴耳要塞二道梁子主阵地，据守乌奴耳二道梁子主阵地的关东军第119师团254联队的第2大队，凭借二道梁子山地有利的地形、坚固的地下工事和处于秘密状态分布的火力，与苏军展开激烈战斗。由于苏军对乌奴耳地区的地形地貌情况和日军阵地火力分布情况了解不够，对日本关东军阵地钢筋混凝土结构的永备工事的防御强度和日军的防范能力更是估计不足，激战一天后苏军被迫撤退。8月16日下午，119师团司令官盐泽清宣转达了总司令部交出武器、就地停战投降的命令。盐泽清宣逃离乌奴耳要塞阵地。至此，驻守乌奴耳要塞的日本关东军全部解除武装投降。苏军攻占后，对要塞设施进行了摧毁，地面工事被炸毁，地下工事却基本完好。

侵华日军对乌奴耳要塞群的设计，采取当时世界最先进的技术，巨资的筹划、施工和经营，都是在极其保密的情况下进行的。修建要塞的劳工，除被称之为特殊劳工的一少部分战俘外，多在伪满洲国或内地其统治区采取骗招、强抓、诱捕、秘密输送等形式获取。在各地下要塞工程竣工后，将幸存者杀人灭口。乌奴耳侵华日军要塞遗址是日本侵华时期的历史罪证，是广大群众特别是青少年进行爱国主义教育的基地。

碉堡内部

‖97‖ 扎兰屯市侵华日军军事掩体

撰稿：殷焕良　陈林义
摄影：陈林义

内蒙古自治区重点文物保护单位。

位于扎兰屯市高台子镇近郊村东南500米，掩体东、西为耕地，南1.5公里为省级大通道，北2公里为近郊村。

掩体建于1944年春，侵华日军在近郊徐地营子南山和铁东办事处新发村日本沟及羊鼻梁山东侧，共修建32个大小不等的半地下式地堡仓库，储藏大量军需用品以备战斗之需，为进一步入侵呼伦贝尔地区进而入侵苏联作长期准备。掩体占地面积327177.48平方米。

掩体仓库水泥建造，形状似乌龟，头即仓库门，脖子为通道，身子即为仓库本体，门脸马鞍形状，开1.7米×1.7米的房门，通道长2米。圆形的仓库主体长8米，开有30厘米×28厘米的通气孔。

掩体

全景

‖98‖ 扎兰屯市乌兰夫同志工作旧址 ——————

撰稿：殷焕良　陈林义
摄影：陈林义

内蒙古自治区重点文物保护单位。

位于扎兰屯市医院院内。

建筑为砖瓦结构的二层小楼，占地面积210平方米，建筑面积160平方米，二层设女儿墙和平台。建筑整体淡黄色，门、窗边缘以白色造型衬托，女儿墙则整体白色，四边以淡黄色衬托，显得整体建筑错落有致。大门处设门厅，拱形门，楼内木质地板，显得古朴典雅。

旧址原为伪兴安东省省长额勒春公馆，1948年，乌兰夫同志在此召集内蒙古几位主要负责人到扎兰屯，召开旗以上领导干部会议，在此期间，乌兰夫同志在此居住和办公。建国后，为布特哈旗医院门诊部，现辟为乌兰夫同志纪念馆。

‖99‖ 根河市敖鲁古雅鄂温克猎民墓

撰稿：呼德尔　包洪涛
摄影：于文郁

位于根河市原敖鲁古雅鄂温克民族乡东南2.5公里处。四周环山，多杨树。南距满归镇15.5公里，临敖鲁古雅河。

敖鲁古雅鄂温克猎民是从原始社会末期直接过渡到社会主义社会的一个特殊的少数民族群体。他们常年居住在大兴安岭深处，依靠狩猎和饲养驯鹿为生，被称为"使鹿部落"，是"中国最后的狩猎部落"，也是我国迄今唯一饲养驯鹿和保存"驯鹿文化"的民族。1965年经内蒙古自治区人民政府批准，在今根河市境内的敖鲁古雅地区定居、建乡，故鄂温克猎民死后多葬于此。

敖鲁古雅鄂温克族有着独特的习俗。起初，鄂温克族人死后进行树葬，没有固定的墓地，后来受到东正教影响，开始进行土葬，定居后也有了墓地。据了解敖鲁古雅鄂温克族为死者入殓时，男死则将其用过的烟盒、水壶、火镰、猎枪等同一入葬随葬；女死则殉葬针线盒、衣服、首饰等。敖鲁古雅鄂温克墓地，按氏族划分为四处。坟前立一个十字架，这种架子因死者的身份不同而有所不同，如高度、木碑上木架栏数是不相同的。每

座墓面积约3平方米。其中属一位萨满的墓最为重要，她的传奇经历和地位都使得她的墓与众不同。

敖鲁古雅鄂温克猎民墓群单体

敖鲁古雅鄂温克猎民墓群单体

‖100‖ 海拉尔区呼伦贝尔公署大楼 ————

撰稿：呼德尔　哈达
摄影：马奎生

内蒙古自治区重点文物保护单位。

位于海拉尔区河东胜利大街12号。现为呼伦贝尔市政府办公楼。

公署大楼是一个半弧形的仿古三层楼体建筑。大门朝东南方向，楼体半弧形对称。大楼建于1954年，建筑面积7000平方米，为现代建造的仿古式建筑，三层结构，楼顶为木雕式，上有绿色琉璃瓦，屋檐高低不一，错落有致，间或有黄色漆饰，外部红色，墙堤上饰有颇具民族风格的卷纹装饰，红墙绿瓦，具有古建筑特点。楼内地面及楼梯台阶为水磨石，并饰有菱形图纹。楼内扶手为厚重古朴的木质回字纹构造，漆为红色，扶手基底为绿色，与高大的绿色窗棂相呼应。公署大楼建成后一直为呼伦贝尔政治、经济、文化中心。

全景

‖101‖ 海拉尔区呼伦贝尔市委一号楼

撰稿：呼德尔　哈达
摄影：马奎生

内蒙古自治区重点文物保护单位。

位于海拉尔区胜利大街15号，地处海拉尔市区中心地段。

市委一号楼现为呼伦贝尔市委办公大楼的一部分，二层建筑。建于1954年，主体两层，长60、宽12米，建筑面积1440平方米，建筑左右对称，大门处较整体建筑突出，墙面采用壁柱作装饰，有门厅，上部建女儿墙，窗户密集，窄而且高，平面线条简洁流畅，摒除多余的装饰，仅以白色为装饰面。建筑举架较高，墙体厚重，楼内走廊为拱形门，其他如走廊、楼梯等因使用需要已做装修。该建筑属典型欧式俄罗斯建筑，风格简洁洗练。

该建筑使用之初，即为呼伦贝尔盟盟委所在地，一直沿用至今。

全景

‖102‖ 根河市阿龙山弹药库旧址

撰稿：呼德尔　于文郁
摄影：于文郁

　　位于根河市阿龙山镇西侧 2.5 公里处。阿龙山弹药库遗址为 20 世纪 60 年代中苏交恶时期修筑的军事建筑，后因中苏关系有所缓和，故该弹药库停止修建，后期作为它用。弹药库宽 9、长 12、高 6 米，前门已经丢失，内部地板已全部损坏。

　　20 世纪 60 年代中苏边界出现的武装冲突及由此引起的中苏两国的紧张对峙，是

弹药库外景

新中国成立后军事斗争的重要一页，也是现代国际关系史上的一项重大事件。人民解放军在边界上进行的还击战斗虽然规模不大，但是这一事件带来的全国性的战备规模之大和耗费之多，超过新中国成立后的历次军事斗争。由于当时中国政府的努力和双方采取了一系列措施，边界冲突未进一步扩大，但是由此造成的中苏两国在战略上的严重对峙，对于中国的政治经济形势及军队建设都产生了重大而又长远的影响。阿龙山弹药库就是在这个特殊的背景下修筑的军事建筑。

103 鄂伦春自治旗布苏里军事要塞旧址

撰稿：呼德尔　王艳梅
摄影：宋宝峰

鄂伦春自治旗重点文物保护单位。

位于鄂伦春自治旗阿里河镇布苏里村村北，大兴安岭甘河支流的一条河谷内，布苏里要塞依山而建，遗址交通便利。

该要塞原名为嘎仙沟军事基地。是我国东北最大的军事后勤基地，占地面积23.4平方公里，部队番号81932，代号607。

布苏里军事基地由窑洞指挥部、导弹库、军火库、地下油库、前线驿站、北国第一哨、将军楼、部队营房、生活服务区等组成。

窑洞指挥部是基建初期指挥人员居住的地方，该建筑靠山而建，穹窿顶，外形具有西北窑洞风格，内部设有火龙、火坑，具有典型的北方建筑取暖特点。导弹库较为恢弘，洞全长350、宽8、高5米,曾存有地对空短程导弹，后期存有大炮、坦克等，有防冲击门、防漏防渗门、封闭门、逃生避灾检修门，工艺极高的悬浮洞，具有恒温，防潮的功能，能聆听到百米以下的山岩流水声。军火库是储存军火的地方，洞为U型悬浮式洞体，冬暖夏凉。全长420、宽8.2、高4.4米，曾经存有火焰喷射器、弹药等。地下油料库全长407米，总容量15000多吨，共有17个油罐，

其中2000立方米的7个，高14.38米，直径14.32米，100立方米的8个，300立方米的2个，存储军队机械所需求的全部油料，该库曾获全军优质奖。前线驿站，即军需中转站，后期改建为前线驿站。"北国第一哨"为营级哨所（08哨所），为北方最高级别哨所。1969年8月21日，为表彰08哨所，沈阳军区请前任中央军委副主席林彪题词，被命名为"北国第一哨"。将

军楼，当年为叶剑英元帅建造的楼房，后设为基地接待楼，叶帅曾两度下榻于此，历任沈阳军区领导都居住过，在此还可看到叶帅为开发大兴安岭铁道的题词。要塞还设有生活服务区，拥有高、中、低档客房，120张床位，另有山间别墅、大型洗浴室、会议室等坐落于山林间。生活区挖有人工湖，环境优雅，空气清新。

1967年，按照中央军委部署，沈阳军

布苏里军事要塞窑洞指挥部

山洞储备库入口

导弹库门

区在在大兴安岭原始森林深处构筑宏伟浩大的国防工程，投资27个亿，作为针对前苏联的战略后勤基地，历经了冷战时期的风云变幻，充分体现了我国国防时代特征，对于威慑敌国，巩固边防做出了历史性的贡献。20世纪末期，中俄达成友好协议，形成战略合作伙伴关系，1999年部队裁军撤出军事基地，2000年5月交付地方看管。2001年鄂伦春旗政府将该军事基地开发为旅游景区，加强人民国防意识，进行爱国主义教育。布苏里军事要塞历经了冷战时期的风云变幻，充分体现了我国国防的时代特征，对威慑敌国巩固边防作出了历史性的贡献。

‖104‖ 扎兰屯市垦石园碑廊

撰稿：白志强　陈林义

摄影：陈林义

内蒙古自治区重点文物保护单位。
位于扎兰屯市中央北路吊桥公园内。碑廊建于1999年5月，1999年11月竣工。占地1200平方米，建筑面积210平方米，属仿明代的建筑风格。

垦石园碑廊位于吊桥公园北侧，是一处人工碑林。垦石者，创业艰难之谓也。吊桥公园于2005年被国家旅游局评定为4A级景区，是扎兰屯著名的风景名胜区。吊桥公园因吊桥得名，占地68公顷，由沙俄中东铁路局修建于1905年，众多的党和国家领导人及文人墨客到此游览并留下了赞

碑廊入口

碑廊局部

美诗句。园中既有叶剑英元帅、乌兰夫、胡昭衡、乌力吉等党和国家领导人留下的著名诗篇，更有老舍、叶圣陶、翦伯赞、溥杰、端木蕻良、李准等文化名人的手迹，为了展现这些风格各异的书法手迹和内容丰富的诗篇，建筑此碑廊。碑廊为吊桥公园平添了浓厚的文化气息和情趣。

园内除著名文人的诗词碑文外，还陈列有1998年被特大洪水冲垮的扎兰屯大石桥的石碑，碑上尚留有毛泽东主席"踏遍青山人未老"、林彪的"毛泽东思想永放光芒"等词句雕刻。

中东铁路通车时所建吊桥只有悬索桥和桁桥，是专供当时的沙俄贵族们享乐的场所。新中国成立以后，吊桥公园连年修缮，近几年随着规模的不断扩大和创新，现吊桥公园有望湖亭、三角亭、环行湖、月型拱桥、一柱亭、垒石园等。园内古木参天，杨柳婆娑，亭台错落，绿草如茵，碧波荡漾，可谓处处皆美景。

附　录

附　录　**目录**

表一 呼伦贝尔市全国重点文物保护单位名单

序号	公布名称与单体名称		时代	公布批次	所在旗县（区）
1	嘎仙洞遗址		战国　南北朝	第二批	鄂伦春旗
2	黑山头城址		元代	第五批	额尔古纳市
3	金界壕遗址	（1）金界壕额尔古纳市段	金代	第五批	额尔古纳市
		（2）拉布达林1号城门	金代	第五批	额尔古纳市
		（3）拉布达林2号城门	金代	第五批	额尔古纳市
		（4）新力边堡	金代	第五批	额尔古纳市
		（5）120边堡	金代	第五批	额尔古纳市
		（6）上库力边堡	金代	第五批	额尔古纳市
		（7）葫芦头边堡	金代	第五批	额尔古纳市
		（8）尖山子关址	金代	第五批	额尔古纳市
		（9）小孤山1号边堡	金代	第五批	额尔古纳市
		（10）小孤山2号边堡	金代	第五批	额尔古纳市
		（11）小孤山3号边堡	金代	第五批	额尔古纳市
		（12）四卡边堡	金代	第五批	额尔古纳市
		（13）金界壕陈巴尔虎旗段	金代	第五批	陈巴尔虎旗
		（14）八大关边堡	金代	第五批	陈巴尔虎旗

序号	公布名称与单体名称		时代	公布批次	所在旗县（区）
3	金界壕遗址	（15）金界壕满洲里市段	金代	第五批	满洲里市
		（16）金界壕新巴尔虎右旗段	金代	第五批	新巴尔虎右旗
		（17）金界壕莫力达瓦达斡尔族自治旗段	金代	第五批	莫力达瓦达斡尔族自治旗
		（18）永合发边堡	金代	第五批	莫力达瓦达斡尔族自治旗
		（19）金界壕扎兰屯市段	金代	第五批	扎兰屯市
4	扎赉诺尔墓群		汉代	第六批	满洲里市
5	中东铁路建筑群	（1）东北民主联军西满军区驻满洲里办事处	近现代	第六批	满洲里市
		（2）满洲里中东铁路技工学校旧址	近现代	第六批	满洲里市
		（3）满洲里南区俄式水塔	近现代	第六批	满洲里市
		（4）满洲里沙俄兵营旧址	近现代	第六批	满洲里市
		（5）满洲里市富华社区一道街南木刻楞（一）	近现代	第六批	满洲里市
		（6）满洲里市富华社区一道街南木刻楞（二）	近现代	第六批	满洲里市
		（7）满洲里市富华社区一道街南木刻楞（三）	近现代	第六批	满洲里市
		（8）满洲里市富华社区一道街南木刻楞（四）	近现代	第六批	满洲里市
		（9）满洲里市海关社区中苏路3号东木刻楞	近现代	第六批	满洲里市
		（10）满洲里市海关社区中苏路3号西木刻楞	近现代	第六批	满洲里市

序号	公布名称与单体名称		时代	公布批次	所在旗县（区）
5	中东铁路建筑群	（11）满洲里市区俄式水塔	近现代	第六批	满洲里市
		（12）满洲里市文明社区一道街10号木刻楞	近现代	第六批	满洲里市
		（13）满洲里市文明社区一道街11号木刻楞	近现代	第六批	满洲里市
		（14）满洲里市文明社区一道街64号木刻楞	近现代	第六批	满洲里市
		（15）文明社区一道街66号木刻楞	近现代	第六批	满洲里市
		（16）满洲里市云杉社区二道街164号石头房	近现代	第六批	满洲里市
		（17）满洲里市云杉社区二道街396号石头房	近现代	第六批	满洲里市
		（18）满洲里市云杉社区二道街497号石头楼	近现代	第六批	满洲里市
		（19）满洲里市云杉社区二道街南石头楼	近现代	第六批	满洲里市
		（20）满洲里市云杉社区二道街南石头楼	近现代	第六批	满洲里市
		（21）满洲里市云杉社区三道街521号石头楼	近现代	第六批	满洲里市
		（22）满洲里市云杉社区三道街北石头楼	近现代	第六批	满洲里市
		（23）满洲里市云杉社区二道街北东木刻楞	近现代	第六批	满洲里市
		（24）满洲里市云杉社区二道街北西木刻楞	近现代	第六批	满洲里市
		（25）满洲里市云杉社区一道街369号木刻楞	近现代	第六批	满洲里市
		（26）满洲里市云杉社区一道街389号木刻楞	近现代	第六批	满洲里市

序号	公布名称与单体名称	时代	公布批次	所在旗县（区）
5	（27）满洲里市云杉社区二道街83号石头房	近现代	第六批	满洲里市
	（28）满洲里市云杉社区二道街390号石头房	近现代	第六批	满洲里市
	（29）满洲里市云杉社区二道街392号石头房	近现代	第六批	满洲里市
	（30）满洲里市云杉社区二道街394号石头房	近现代	第六批	满洲里市
	（31）前苏联驻满洲里领事馆	近现代	第六批	满洲里市
	（32）前苏联驻满洲里商务代表处	近现代	第六批	满洲里市
	（33）沙俄监狱旧址	近现代	第六批	满洲里市
	（34）谢拉菲姆教堂	近现代	第六批	满洲里市
	（35）满洲里市文明社区一道街59号木刻楞	近现代	第六批	满洲里市
	（36）百年段长办公室	近现代	第六批	牙克石市
	（37）百年机车库	近现代	第六批	牙克石市
	（38）兴安岭螺旋展线	近现代	第六批	牙克石市
	（39）兴安岭铁路隧道	近现代	第六批	牙克石市
	（40）蒸汽机车水塔	近现代	第六批	牙克石市
	（41）隧道坐标点石碑	近现代	第六批	牙克石市
	（42）中东铁路俱乐部旧址	近现代	第六批	扎兰屯市
	（43）中东铁路扎兰屯卫生所	近现代	第六批	扎兰屯市

（序号5单体名称栏：中东铁路建筑群）

序号	公布名称与单体名称		时代	公布批次	所在旗县（区）
5	中东铁路建筑群	（44）铁道会议旧址	近现代	第六批	扎兰屯市
		（45）中东铁路沙俄管理人员住宅建筑群	近现代	第六批	扎兰屯市
		（46）沙俄小学旧址	近现代	第六批	扎兰屯市
		（47）沙俄小学黄房	近现代	第六批	扎兰屯市
		（48）沙俄马厩	近现代	第六批	扎兰屯市
		（49）沙俄仓库	近现代	第六批	扎兰屯市
		（50）中东铁路扎兰屯站旧址	近现代	第六批	扎兰屯市
		（5）铁路五号楼	近现代	第六批	扎兰屯市
		（52）内蒙古人民自卫军骑兵5师司令部旧址	近现代	第六批	扎兰屯市
		（53）中东铁路扎兰屯站水塔	近现代	第六批	扎兰屯市
		（54）六国饭店	近现代	第六批	扎兰屯市
		（55）沙俄森林警察大队旧址	近现代	第六批	扎兰屯市
		（56）吊桥	近现代	第六批	扎兰屯市
6	巴彦乌拉城址		元代	第六批	鄂温克族自治旗
7	哈克遗址		新石器时代	第七批	海拉尔区
8	团结墓地		东汉	第七批	海拉尔区
9	谢尔塔拉墓地		唐代至五代	第七批	海拉尔区

序号	公布名称与单体名称	时代	公布批次	所在旗县（区）
10	蘑菇山北遗址	旧石器时代	第七批	满洲里市
11	浩特陶海城址	辽代	第七批	陈巴尔虎旗
12	辉河水坝遗址	新石器时代	第七批	鄂温克族自治旗
13	巴彦汗日本毒气实验场遗址	1940年	第七批	鄂温克族自治旗

表二　呼伦贝尔市自治区级重点文物保护单位名单

序号	公布名称与单体名称	时代	公布批次	所在旗县（区）
1	日军工事及万人坑遗址	1934年	第三批	海拉尔区
2	拉布达林鲜卑墓群	东汉（鲜卑）	第三批	额尔古纳市
3	七卡古墓群	东汉（鲜卑）	第三批	额尔古纳市
4	岭后遗址	唐至金　元	第三批	额尔古纳市
5	十八里遗址	唐至金　元	第三批	额尔古纳市
6	奇乾遗址	唐至金　元	第三批	额尔古纳市
7	诺门罕战争旧址	1939年	第三批	新巴尔虎左旗
8	文庙	清代	第四批	海拉尔区
9	海浪车站旧址	1903年	第四批	海拉尔区
10	呼伦贝尔公署大楼	1954年	第四批	海拉尔区
11	呼伦贝尔市委一号楼	1955年	第四批	海拉尔区
12	满洲里红色国际秘密交通线遗址	1920年～1937年	第四批	满洲里市
13	扎兰屯侵华日军军事掩体	1914年～1945年	第四批	扎兰屯市
14	侵华日军医院旧址	1933年	第四批	扎兰屯市
15	纳文慕仁盟公署办公旧址	1935年	第四批	扎兰屯市
16	侵华日军军事掩体	1944年	第四批	扎兰屯市

序号	公布名称与单体名称	时代	公布批次	所在旗县（区）
17	乌兰夫同志工作旧址	近代	第四批	扎兰屯市
18	垦石园碑廊	1999年	第四批	扎兰屯市
19	煤田东城址	辽代	第四批	牙克石市
20	乌奴耳侵华日军要塞遗址	1932～1944年	第四批	牙克石市
21	绰源侵华日军飞机场遗址	1942年	第四批	牙克石市
22	哈乌拉墓群	青铜时代	第四批	新巴尔虎右旗
23	东乌珠尔墓群	东汉（鲜卑）	第四批	陈巴尔虎旗

表三　呼伦贝尔市市县级重点文物保护单位名单

序号	公布名称与单体名称	时代	保护级别及批次（公布时间）	所在旗县（区）
1	苏联红军烈士塔	近现代	市级　1989年	海拉尔区
2	苏联红军烈士陵园	近现代	市级　1989年	海拉尔区
3	海拉尔松山遗址	新石器时代	市级　2005年	海拉尔区
4	净手亭	近现代	市级　2009年	海拉尔区
5	伊敏桥	近现代	市级　2009年	海拉尔区
6	中东路事件忠烈墓遗址	近现代	市级　2005年	满洲里市
7	满洲里市红军烈士公园	近现代	市级　2005年	满洲里市
8	小孤山遗址	旧石器时代	市级　2005年	扎赉诺尔区
9	巨姆古城遗址	辽代	市级　2005年	扎赉诺尔区
10	高台子古城	辽代	市级　1991年	扎兰屯市
11	九村古城	辽代	市级　1991年	扎兰屯市
12	王家屯古城	辽代	市级　1991年	扎兰屯市
13	浩饶山西平台遗址	辽代	市级　1991年	扎兰屯市
14	王家屯古城	辽代	市级　1991年	扎兰屯市

序号	公布名称与单体名称	时代	保护级别及批次（公布时间）	所在旗县（区）
15	高台子古城	辽代	市级　1991年	扎兰屯市
16	九村古城	辽代	市级　1991年	扎兰屯市
17	浩饶山西平台遗址	辽代	市级　1991年	扎兰屯市
18	呼伦贝尔市第二人民医院	近现代	市级　2008年	扎兰屯市
19	原日本开拓团住宅	近现代	市级　2008年	扎兰屯市
20	原铁道部第一所疗养院	近现代	市级　2008年	扎兰屯市
21	苏联红军烈士纪念碑	近现代	市级　2008年	扎兰屯市
22	革命烈士纪念碑	近现代	市级　2008年	扎兰屯市
23	原沙俄教堂	近现代	市级　2008年	扎兰屯市
24	卧牛河铁桥	近现代	市级　2008年	扎兰屯市
25	苏联红军烈士纪念馆	近现代	市级　2008年	扎兰屯市
26	革命历史纪念碑	近现代	市级　2008年	扎兰屯市
27	卧牛河铁桥	近现代	市级　2008年	扎兰屯市
28	原内蒙古军区干休所	近现代	市级　2008年	扎兰屯市
29	原日本开拓团住宅	近现代	市级　2008年	扎兰屯市
30	原沙俄教堂	近现代	市级　2008年	扎兰屯市

序号	公布名称与单体名称	时代	保护级别及批次（公布时间）	所在旗县（区）
31	中东铁路成吉思汗站旧址	近现代	市级　2010年	扎兰屯市
32	中东铁路南木站员工住宅	近现代	市级　2010年	扎兰屯市
33	中东铁路哈拉苏站员工住宅	近现代	市级　2010年	扎兰屯市
34	中东铁路哈拉苏站	近现代	市级　2010年	扎兰屯市
35	中东铁路哈拉苏站兵营	近现代	市级　2010年	扎兰屯市
36	中东铁路卧牛河站建筑群	近现代	市级　2010年	扎兰屯市
37	中东铁路高台子站养路工区	近现代	市级　2010年	扎兰屯市
38	原沙俄教堂办公旧址	近现代	市级　2010年	扎兰屯市
39	阳光浴场办公旧址	近现代	市级　2010年	扎兰屯市
40	中东铁路扎兰屯员工住宅	近现代	市级　2010年	扎兰屯市
41	中东铁路沙俄子弟小学	近现代	市级　2010年	扎兰屯市
42	中东铁路扎兰屯机车修理车间	近现代	市级　2010年	扎兰屯市
43	中东铁路扎兰屯站高级技术人员住宅	近现代	市级　2010年	扎兰屯市
44	中东铁路成吉思汗兵营旧址	近现代	市级　2010年	扎兰屯市

序号	公布名称与单体名称	时代	保护级别及批次（公布时间）	所在旗县（区）
45	林景泉烈士纪念碑	近现代	市级　2010年	扎兰屯市
46	王家大院旧址	近现代	市级　2010年	扎兰屯市
47	侵华日军兴安牧场建筑群	近现代	市级　2010年	扎兰屯市
48	侵华日军兴安牧场办公旧址	近现代	市级　2010年	扎兰屯市
49	扎兰屯发电厂	近现代	市级　2010年	扎兰屯市
50	中东铁路成吉思汗员工住宅	近现代	市级　2010年	扎兰屯市
51	扎兰屯成吉思汗庙旧址	近现代	市级　2010年	扎兰屯市
52	中东铁路成吉思汗水塔	近现代	市级　2010年	扎兰屯市
53	扎兰屯铁路电厂旧址	近现代	市级　2010年	扎兰屯市
54	苏联红军烈士纪念塔	近现代	市级　1989年	牙克石市
55	博克图烈士纪念碑	近现代	市级　1989年	牙克石市
56	刘少奇主席纪念林	近现代	市级　1989年	牙克石市
57	博克图沙俄护路军司令部旧址	近现代	市级　2009年	牙克石市
58	牙克石清真寺	近现代	市级　2009年	牙克石市
59	伊列克得俄式木刻楞	近现代	市级　2009年	牙克石市
60	博克图警察署旧址	近现代	市级　2009年	牙克石市

序号	公布名称与单体名称	时代	保护级别及批次（公布时间）	所在旗县（区）
61	免渡河东正教教堂	近现代	市级　2009年	牙克石市
62	免渡河铁道学校旧址	近现代	市级　2009年	牙克石市
63	免渡河中东铁路桥	近现代	市级　2009年	牙克石市
64	新南沟俄式木刻楞	近现代	市级　2012年	牙克石市
65	好里堡森运林场旧址	近现代	市级　2011年	根河市
66	鄂温克猎民墓群	近现代	市级　2011年	根河市
67	阿龙山弹药库旧址	近现代	市级　2011年	根河市
68	沈书琴烈士墓	近现代	市级　2011年	根河市
69	金河镇机修厂旧址	近现代	市级　2011年	根河市
70	满归铁路桥墩旧址	近现代	市级　2011年	根河市
71	好里堡防空洞	近现代	市级　2011年	根河市
72	阿龙山供销社旧址	近现代	市级　2011年	根河市
73	阿龙山百货商店旧址	近现代	市级　2011年	根河市
74	金河镇防空洞旧址	近现代	市级　2011年	根河市
75	金河镇战壕旧址	近现代	市级　2011年	根河市
76	姑子庙遗址	近现代	市级　2011年	根河市

序号	公布名称与单体名称	时代	保护级别及批次（公布时间）	所在旗县（区）
77	得耳布尔清真寺	近现代	市级　2011年	根河市
78	得耳布尔镇政府旧址	近现代	市级　2011年	根河市
79	敖鲁古雅鄂温克民族乡原址	近现代	市级　2011年	根河市
80	拉布大林古生物化石遗址	更新世	旗级　1989年	额尔古纳右旗
81	小孤山遗址	辽代	旗级　1989年	额尔古纳右旗
82	吕卡官墓碑	近现代	旗级　2011年	额尔古纳右旗
83	老石场仙人洞遗址	旧石器时代	旗级　1988年	阿荣旗
84	天台岭仙人洞遗址	新石器时代	旗级　1988年	阿荣旗
85	靠山屯东山遗址	新石器时代	旗级　1988年	阿荣旗
86	那吉屯革命烈士纪念碑	近现代	旗级　1988年	阿荣旗
87	冯治纲将军殉难处纪念碑	近现代	旗级　1988年	阿荣旗
88	长安红军岗纪念碑	近现代	旗级　1988年	阿荣旗
89	高禹民七烈士牺牲地纪念碑	近现代	旗级　1988年	阿荣旗
90	太平沟大队俱乐部旧址	近现代	旗级　2011年	阿荣旗
91	成田关洞穴遗址	新石器时代	旗级　2012年	新巴尔虎右旗
92	乌兰宝楞遗址	新石器时代	旗级　2012年	新巴尔虎右旗

序号	公布名称与单体名称	时代	保护级别及批次（公布时间）	所在旗县（区）
93	乌兰恩格日遗址	新石器时代	旗级　2012年	新巴尔虎右旗
94	阿敦础鲁墓群	青铜时代	旗级　2012年	新巴尔虎右旗
95	德乌拉墓群	青铜时代	旗级　2012年	新巴尔虎右旗
96	额尔敦山墓群	青铜时代	旗级　2012年	新巴尔虎右旗
97	大喇嘛诺尔墓群	青铜时代	旗级　2012年	新巴尔虎右旗
98	克尔伦南墓群	青铜时代	旗级　2012年	新巴尔虎右旗
99	毛盖图山墓群	青铜时代	旗级　2012年	新巴尔虎右旗
100	瓦林图墓群	青铜时代	旗级　2012年	新巴尔虎右旗
101	小天山墓群	青铜时代	旗级　2012年	新巴尔虎右旗
102	宝格德乌拉敖包	清代	旗级　2012年	新巴尔虎右旗
103	白音乌力吉敖包	清代	旗级　2012年	新巴尔虎右旗
104	布哈陶拉盖古城遗址	辽代	旗级　1988年	新巴尔虎左旗
105	都古尔将军墓石碑遗址	清代	旗级　1988年	新巴尔虎左旗
106	阿尔山庙	近现代	旗级　1988年	新巴尔虎左旗
107	呼和诺尔新石器遗址	新石器时代	旗级　1990年	新巴尔虎左旗
108	呼和诺尔古城址	辽代	旗级　1990年	新巴尔虎左旗

序号	公布名称与单体名称	时代	保护级别及批次 （公布时间）	所在旗县（区）
109	好雅尔陶拉盖陶窑遗址	辽代	旗级　1990年	新巴尔虎左旗
110	喇嘛哈达石人	元代	旗级　1990年	新巴尔虎左旗
111	伊和乌拉古城遗址	元代	旗级　1990年	新巴尔虎左旗
112	和日木图古城遗址	辽代	旗级　2005年	新巴尔虎左旗
113	本布特古城遗址	辽代	旗级　2009年	新巴尔虎左旗
114	哈拉哈河578界桩北古窑址	辽代	旗级　2009年	新巴尔虎左旗
115	牙拉特宝龙古城遗址	辽代	旗级　2009年	新巴尔虎左旗
116	安本古墓群	清代	旗级　2009年	新巴尔虎左旗
117	铜钵庙遗址	清代	旗级　2009年	新巴尔虎左旗
118	杜拉尔日军地下工事遗址	近现代	旗级　2009年	新巴尔虎左旗
119	胡乐特敖包新石器遗址	新石器时代	旗级　2012年	新巴尔虎左旗
120	铜钵好赉遗址	新石器时代	旗级　2012年	新巴尔虎左旗
121	甘珠尔庙遗址	清代	旗级　2012年	新巴尔虎左旗
122	甘珠尔庙日军工事群	近现代	旗级　2012年	新巴尔虎左旗
123	乌兰胡舒日军工事群	近现代	旗级　2012年	新巴尔虎左旗
124	东乌珠尔细石器遗址	新石器时代	旗级　1989年	陈巴尔虎旗

序号	公布名称与单体名称	时代	保护级别及批次（公布时间）	所在旗县（区）
125	哈日道布新石器遗址	新石器时代	旗级　1996年	陈巴尔虎旗
126	东乌珠尔东南墓葬群	汉代	旗级　2003年	陈巴尔虎旗
127	巴彦哈达东南墓葬	新石器时代	旗级　2008年	陈巴尔虎旗
128	八大关墓群	青铜时代	旗级　2008年	陈巴尔虎旗
129	大浩特罕城址	元代	旗级　1996年	鄂温克族自治旗
130	敖氏墓地	清代	旗级　2006年	鄂温克族自治旗
131	郭氏墓地	清代	旗级　2006年	鄂温克族自治旗
132	锡尼河西城址	辽代	旗级　2010年	鄂温克族自治旗
133	光远寺遗址	清代	旗级　2010年	鄂温克族自治旗
134	巴彦胡硕敖包	清代	旗级　2010年	鄂温克族自治旗
135	锡尼河庙	近现代	旗级　2010年	鄂温克族自治旗
136	郭道甫故居	近现代	旗级　2010年	鄂温克族自治旗
137	吉库石林彩绘岩画	新石器时代	旗级　2011年	鄂伦春自治旗
138	嘎仙洞遗址彩绘岩画	新石器时代	旗级　2011年	鄂伦春自治旗
139	麒麟山彩绘岩画	新石器时代	旗级　2011年	鄂伦春自治旗
140	神指峰彩绘岩画	新石器时代	旗级　2011年	鄂伦春自治旗

序号	公布名称与单体名称	时代	保护级别及批次（公布时间）	所在旗县（区）
141	双峰山彩绘岩画	新石器时代	旗级　2011年	鄂伦春自治旗
142	小二红彩绘岩画	新石器时代	旗级　2011年	鄂伦春自治旗
143	野猪峰彩绘岩画	新石器时代	旗级　2011年	鄂伦春自治旗
144	伊龙山彩绘岩画	新石器时代	旗级　2011年	鄂伦春自治旗
145	布苏里军事要塞遗址	近现代	旗级　2011年	鄂伦春自治旗
146	烈士墓遗址	近现代	旗级　2011年	鄂伦春自治旗
147	色尔衮墓葬	清代	旗级　1990年	莫力达瓦达斡尔族自治旗
148	西毕台墓群	清代	旗级　1990年	莫力达瓦达斡尔族自治旗
149	得衣奔将军墓碑刻	清代	旗级　1990年	莫力达瓦达斡尔族自治旗
150	竹孝松贞石碑	清代	旗级　1990年	莫力达瓦达斡尔族自治旗
151	多西浅东北遗址	新石器时代	旗级　2012年	莫力达瓦达斡尔族自治旗
152	四方山墓葬	青铜时期	旗级　2012年	莫力达瓦达斡尔族自治旗
153	伊哈里驿站遗址	清代	旗级　2012年	莫力达瓦达斡尔族自治旗
154	布特哈八旗总管衙门斡包	清代	旗级　2012年	莫力达瓦达斡尔族自治旗
155	库如奇达斡尔民居	清代	旗级　2012年	莫力达瓦达斡尔族自治旗
156	冯国英墓	清代	旗级　2012年	莫力达瓦达斡尔族自治旗

序号	公布名称与单体名称	时代	保护级别及批次 （公布时间）	所在旗县（区）
157	巴彦街敖氏家族墓群	清代	旗级　2012年	莫力达瓦达斡尔族自治旗
158	蒋氏墓群	清代	旗级　2012年	莫力达瓦达斡尔族自治旗

后记

　　《呼伦贝尔文化遗产》一书，是由内蒙古自治区文物考古研究所组织编撰的《内蒙古文化遗产》丛书之一。全书依照时代序列，分为石器时代、青铜时代、汉代魏晋时期、隋唐时期、辽金元时期、清代、近现代等七个部分，每个部分，大致依照古遗址、古墓葬、古建筑、石窟寺及石刻、其他等五个不可移动文物分类的顺序，依次介绍每个不可移动文物点。

　　本书中介绍的不可移动文物点共104处，主要包括了全国重点文物保护单位、内蒙古自治区文物保护单位以及部分旗县级文物保护单位，还有部分较重要的未定级文物点。本书由殷焕良统稿，陈永志审定全稿。石器时代由赵艳芳、赵彦嵩、巴图孟和、关荣、通拉嘎、宋宝峰执笔；青铜时代由赵艳芳、吴玉明、娜仁其其格、田凤东、巴拉金执笔；汉魏晋时期由殷焕良、白志强、长海、包洪涛执笔；隋唐时期由殷焕良、马健、哈达、长海执笔；辽金元时期由长海、殷焕良执笔；清代由哈达、呼德尔、郭旭光、关荣、田凤东、郭旭晟、长海执笔；近代部分由呼德尔、哈达、洪萍、包洪涛、殷焕良、白志强、庞业清、马志超、苗福辉、于文郁、王艳梅、邢锐、吴杰、金铭峰、马奎生、通拉嘎、朱志卓、高鑫、邵德光、长海执笔。本书摄影有庞雷、哈达、巴图孟和、郭旭光、陈林义、庞业清、马健、马志超、于文郁、朱志卓、田凤东、孟和、给拉巴干、宋宝峰、赵彦嵩、安永明、苗福辉、马奎生、全仲锡、高鑫、邵德光、郭旭晟。殷焕良担负了本书统稿工作。本书编撰期间得到了呼伦贝尔民族博物院的大力支持。本书在附录部分录入了呼